«Warum studieren Sie überhaupt Politik, wenn Ihr Politikinteresse nicht über das hinausreicht, was Onlineportale melden?» Mit dieser Frage konfrontierte die Lehrbeauftragte Christiane Florin die desinteressiert vor ihr sitzenden Studenten. Die Replik: «Waren unsere Referate nicht gut?»

Dieser Dialog ist symptomatisch, stellt Christiane Florin fest: Es gibt keine Streitkultur mehr an der Universität; Neugierde, ein über den Tellerrand der eigenen Fachrichtung hinausgehendes Interesse fehlt den meisten Studenten. «Nett» sind sie, die Studenten. Nett, brav und pragmatisch gehen sie den Weg des geringsten Widerstands. Und die Dozenten tragen das mit: Sie geben sich mit durchschnittlichen Leistungen zufrieden, brechen miserable Vorträge zu selten ab, fördern den Monolog. Die Folge: Es entstehen stromlinienförmige, fachlich versierte, aber menschlich unreife Absolventen.

Ein provokanter, mitreißender Essay über das, was an der Uni im Argen liegt.

Dr. Christiane Florin ist seit über zehn Jahren Lehrbeauftragte am Institut für Politische Wissenschaft und Soziologie der Universität Bonn. Ihre Fachgebiete sind Medienpolitik und Medienkultur. Sie selbst studierte in Bonn und Paris Politik, Geschichte und Musikwissenschaft. Bis 2010 leitete sie das Feuilleton des «Rheinischen Merkur», heute ist sie die Redaktionsleiterin von «Christ und Welt» in der «ZEIT».

Christiane Florin

WARUM UNSERE STUDENTEN SO **ANGEPASST** SIND

Rowohlt Taschenbuch Verlag

2. Auflage September 2014

Originalausgabe
Veröffentlicht im Rowohlt Taschenbuch Verlag,
Reinbek bei Hamburg, September 2014
Copyright © 2014 by Rowohlt Verlag GmbH,
Reinbek bei Hamburg
Umschlaggestaltung ZERO Werbeagentur, München
Umschlagabbildung plainpicture/Image Source
Satz aus der DTL Dorian, PageOne,
bei Dörlemann Satz, Lemförde
Druck und Bindung
CPI books GmbH, Leck, Germany
ISBN 978 3 499 61741 6

Das für dieses Buch verwendete FSC®-zertifizierte Papier
Holmen Book Cream liefert Holmen, Schweden.

VORWORT: SHOWTIME

Ich komme mir vor wie einer dieser beiden Alten aus der Muppet Show. Waldorf und Statler kommentierten von ihrem Platz hoch oben in der Loge das Treiben der Jüngeren unten auf der Bühne. Sie waren sich sicher: Früher war vieles, ach was: alles, besser. Aber sie lieben die Akteure da unten trotzdem. Und sie wollen, dass die Show ihren guten Namen nicht verspielt.

Nun ist der Schreibtisch meine Loge, aus der Distanz lässt sich leichter davon erzählen, was sich im kleinen und großen Übungsraum der Universität abspielt. Seit dem Sommersemester 2000 bin ich Lehrbeauftragte für Politische Wissenschaft an der Universität Bonn. Noch immer gehören die Sozial- und Staatswissenschaften zu den beliebtesten Fachrichtungen. 314 Studiengänge der Politikwissenschaft zählt die Hochschulrektorenkonferenz in ihrer Statistik 2012/2013 in Deutschland, darunter 113 Bachelor- und 170 Masterangebote.

Ich hatte Seminare mit drei Teilnehmern, aber auch mit sechzig. Bevor Bachelor, Master und Module mit und ohne Option erfunden wurden, beschäftigte ich mich mit vergleichender Regierungslehre, Schwerpunkt Regierungssystem der Bundesrepublik Deutschland. Die Studenten sollten in diesem Proseminar das Land kennenlernen, in dem sie leben. Seit der Bologna-Reform biete ich das Optionalmodul «Berufsfeldanalyse Journalismus» an. Die Studenten sollen darin erfahren, was sie auf dem Arbeits- und Meinungsmarkt erwartet.

Neunzig Minuten dauern die Veranstaltungen. Wie sie ablaufen, interessiert außer den Beteiligten normalerweise niemanden. Studiendauer und -finanzierung, bezifferbare Bildungsetats und exakt vermessene Bildungserfolge sind weiträumig diskutierte Themen; Studieninhalte und Lehrmethoden nicht. Da herrscht Grundvertrauen: Die Hochschule wird den jungen Leuten schon etwas vermitteln. Noch immer gilt ein Studium als wirksamer Schutz vor Arbeitslosigkeit.

Von Vorlesungen abgesehen, finden die meisten Lehrveranstaltungen in einem geschützten Bereich statt. Viele Studenten, Dozenten und Professoren dürften froh darüber sein, dass nicht jedes Referat und jeder Lehrbeauftragten-Monolog bei Youtube auftaucht. Es herrscht eine Art Gleichgewicht des Schreckens: Wenn meine Fehler im Raum bleiben, verlassen auch deine nicht den Kreis der Eingeweihten.

In diesem Buch kommen Szenen und Dialoge vor, die nie für die Öffentlichkeit gedacht waren, über die sich aber eine öffentliche Diskussion lohnt. In jeder Sonntagsrede wird Bildung zum wichtigsten deutschen Rohstoff erklärt, zum Ersatz für Erdöl, Gas und Seltene Erden. Aus dem Land der Dichter und Denker soll eine «Bildungsrepublik» werden, aus seinen Bürgern die Humanressource einer Wissensgesellschaft. Doch freitags morgens sieht die Welt anders aus als sonntags. Vor mir sitzen 18- bis 22-Jährige, die nicht den Eindruck machen, als hofften sie, Schätze der Erkenntnis zu heben. Sie sind gewillt, eine festgelegte Rohstoff-Menge in einer festgelegten Zeit zu bewältigen. Sie akzeptieren ihren akademischen Dreijahresplan ohne Fragen und Klagen. Doch Lust am Neuen spürte ich bei ihnen kaum, als sei das Kapitel Entdeckung spätestens mit dem ersten Grundschuljahr abgeschlossen. Dabei haben sie das Fach freiwillig gewählt. Schade, dass sie Bildung als Ballast empfinden, dachte ich nach wenigen Stunden.

Dieser erste Eindruck blieb. Bis heute hat er sich nicht verflüchtigt. Ich habe über die Jahre notiert, was mich überrascht, gefreut und befremdet hat – diese Notizen bilden die Grundlagen des Buches. Dabei erhebt es nicht den Anspruch, das Porträt einer ganzen Studentengeneration zu sein; schon gar nicht versteht es sich als gelehrte Abhandlung über das deutsche Hochschulwesen. Es ist das Protokoll einer Anpassung. Das Protokoll einer Kommunikationsstörung. Und das Protokoll einer Sehnsucht.

Freitags morgens um acht Uhr c.t. fehlt mir die Distanz des Schreibtisches. Dann bin ich Teil der nicht öffentlichen Uni-Show – und damit auch Teil des Problems. Hinter mir sind Leinwand und Tafel, vor mir kämpfen im Durchschnitt fünfzehn Studenten, die laut Liste zweiundzwanzig sein sollten, gegen den Restschlaf. Von den fehlenden sieben trudeln in den ersten zwanzig Minuten noch drei ein, drei werden sich später per Mail höflichst entschuldigen, Nummer 22 bleibt verschollen und meldet sich auch auf Nachfrage nicht mehr.

Über meinem Kopf schwebt der Beamer wie ein Damoklesschwert. Er erinnert mich daran, dass Bildung Bilder braucht und Studenten auch Zuschauer sind.

Wer war noch gleich Damokles? Was hat es mit seinem Schwert auf sich? Wer schon wach ist, würde die Wörter schnell in sein Smartphone eintippen, kurz auf das Display schauen und den Günstling des syrakusischen Herrschers sofort wieder vergessen. Längst tote Tyrannen sind nicht prüfungsrelevant. Despoten der vergangenen fünfzig Jahre schon. Wenn die Powerpoint-Präsentation zum Thema Medienethik gut läuft, schauen die Studenten auf die minutiös festgehaltene Hinrichtungsszene des Saddam Hussein. Wenn es sehr gut läuft, haben sie Fragen zur Zeitungstitelseite mit den letzten Sekunden im Leben des

Diktators. Wenn das Optionale optimal läuft, greifen sie das Thema in ihrem Blog oder im Campus-Radio auf.

Misslingt die Show, bin ich eine promovierte Witzfigur.

Ich werde auf den nächsten Seiten über meine Erlebnisse an der Uni schreiben: über Debattierunlust, Stromlinienförmigkeit, über den permanenten Performancezwang und den Wunsch nach eindeutigen Antworten, bevor überhaupt eine einzige Frage gestellt ist. Feedback ist in diesem System ein Zauberwort. Rückmeldungen und Vorgaben kommen gut an, Diskurse hingegen stehen im Verdacht, irgendetwas aus den 1960ern zu sein.

Ich werde verallgemeinern, wohl wissend, dass es auch unangepasste Studenten gibt, die sich Gedanken abseits der Vorformulierten leisten. Und: Ich porträtiere Leute, die 20, 25 Jahre jünger sind als ich. Wie die Autoren notorischer Jugendstudien, die ich als Jugendliche nervtötend fand. Ich beschreibe, was nicht mehr ist, warum es nicht mehr ist und was stattdessen ist. Man kann diesen Gestus als kulturpessimistisch kritisieren. Man kann den Suchbegriff «Klage über die Jugend» bei Google eingeben und feststellen, dass weder Sokrates' noch Nietzsches Gejammer die Jugend von damals beeindruckt hat. Man kann die Datenbasis meiner Erhebungen anzweifeln und eine empirische Analyse der Grundgesamtheit deutscher Nachwuchsakademiker zwischen 1987 und 2014 anmahnen.

Es gibt 2,5 Millionen Studenten in Deutschland, so viele wie nie. Ich habe im Laufe der Jahre nicht einmal tausend dieser Millionen kennengelernt. Was ich beobachtet habe, gilt weder für alle noch für jeden, aber doch für so viele, dass es sich nicht übersehen lässt. An Universitäten sollten selbständig denkende Menschen heranwachsen dürfen. Mittlerweile sind Hochschulen aber vor allem Standorte, an denen Absolventen produziert werden. Die meisten Studenten geben sich damit zufrieden, jedenfalls klagen sie Freiräume nicht ein. Sie sind einerseits ein anspruchsvolles Publikum, das mit pädagogischer und vortragstechnischer Raffinesse bei Laune gehalten werden will. Sie sind andererseits anspruchslos, was die Inhalte anbetrifft. Es stört sie nicht, wenn sie um Themen und Thesen gebracht werden. Die Lehrpläne sind ohnehin voll genug. Auch die Vertreter der Lehre – Professoren, Dozenten, Lehrbeauftragte – schweigen lieber. Die nächste Prüfung wartet ja schon.

Auf den Vorwurf, von der eigenen Provinz-Befindlichkeit aufs Allgemeine zu schließen, bin ich vorbereitet. Doch wie für jedes Handout – früher: Thesenpapier – gilt auch für diesen Text: Erst lesen und dann bitte widersprechen.

SO LÄUFT'S:
ERST DAS TRINKEN, DANN DIE MORAL

Stilles Wasser, lautes Schweigen

Das Erste, was ich von meinen Studenten im April des Jahres 2000 sah, waren diese großen Wasserflaschen aus Plastik. Während einer Doppelstunde Regierungslehre schafften viele locker einen Liter. Ich kann mich nicht daran erinnern, dass zu meiner Studienzeit während eines Seminars auch nur einer zur Flasche gegriffen hätte. Geraucht wurde auch nicht mehr. Das hätte wertvolle Redezeit gekostet. Oder, wie man sogar zwanzig Jahre nach 1968 noch sagte: Zeit, um alles kritisch zu hinterfragen. Die Westintegration. Die Nachrüstung. Das Grundgesetz. Den Sozialstaat. Die Wiedervereinigung. Die Währungsunion.

Hochschulpolitisch stritt man damals um das Binnen-I und das allgemeinpolitische Mandat. Linke Gruppen im AStA kämpften für «StudentInnen» in allen offiziellen Schreiben. Sie wollten zu allen Themen etwas sagen dürfen. Irgendwann einigten sich Vertreter des akademischen Hoch-, Mittel- und Tiefbaus auf die bis heute übliche Wendung «Studierende».

Ich nannte die Zweit- und Drittsemester, die sich zu meinem Proseminar angemeldet hatten, trotzdem der Einfachheit halber in allen Mails «Liebe Teilnehmer des Proseminars». Widerspruch gegen diese Pauschalvermännlichung regte sich nie. Die Zeit der Ideologien war Anfang des neuen Jahrtausends vorbei.

Diese Entspannungspolitik macht für die Lehrenden vieles leichter, nicht nur die Anrede. Aber sie macht das Dasein auch langweiliger. Widerspruch regt sich generell selten. Monologisierende Dozenten schneiden in Umfragen unter den Studenten zwar schlecht ab, dialogisierende aber noch schlechter. Sie gelten als schlampig vorbereitet. Das studentische Publikum erwartet einen Alleinunterhalter, eine Mischung aus Dieter Bohlen und Dieter Nuhr. Klar in den Ansagen wie Bohlen und dabei so nett anpolitisiert wie Nuhr.

Ich fühlte mich in den ersten Stunden als Lehrbeauftragte an mein Studium in Paris erinnert. Am Institut d'Études Politiques und an der Sorbonne saßen die Studenten schon Anfang der 1990er Jahre mit Diktiergeräten in Vorlesungen und Seminaren, immer von der Angst getrieben, einen Halbsatz, eine Betonung oder eine Bewertungsnuance zu verpassen. Vom ersten bis zum letzten Wort sogen sie auf, was Professoren und Dozenten sagten. Wer nach mehrfachem Abhören alles intus hatte, ließ es bei der nächsten Prüfung wortgleich aufs Papier fließen.

Was den französischen Kommilitonen die kleinen Recorder, waren meinem Bonner Publikum offenbar die großen Wasserflaschen: etwas zum Festhalten, etwas Empfohlenes, etwas Richtiges in einer Welt voller potenzieller Fehler. Gegen Wasser kann niemand etwas haben. Die Proseminarteilnehmer tranken über alle autoritären und totalitären Regime, über alle parlamentarischen, semipräsidentiellen und präsidentiellen Systeme hinweg. Große Worte von Max Weber oder Theodor W. Adorno waren nicht beeindruckend genug, um für einen Moment die Flüssigkeitszufuhr zu unterbrechen. Offenbar stillten die Denker den Durst nicht.

Woher der rührte? Vom Diskutieren jedenfalls nicht. Ich hätte fordern können, in Deutschland einen Wächterrat nach iranischem Vorbild einzuführen. Ich hätte behaupten können, Frauen seien auf immer unfähig, Richtlinienkompetenz nach Artikel 65 des Grundgesetzes auszuüben. Ich hätte den deutschen Regierungssitz von Berlin nach Castrop-Rauxel verlegen können: Mein Publikum hätte weitergenuckelt. «Sie unterwerfen sich einem 3-Liter-Wasser-am-Tag-Diktatürchen», war ich versucht zu sagen. Ich schluckte es hinunter. Die Wasserflaschen durften bleiben, bis sie sich nach meiner öffentlichen Kritik von selbst erledigten.

Dabei hatte ich mir eingebildet, ganz gut für den Lehrauftrag gewappnet zu sein. Ich hatte Neuerscheinungen und Politikblogs gewälzt, mit der Videokamera und anderen kritischen Zuschauern das freie Reden geübt, ich hatte die Kollegen aus dem Politikressort bei der Konzeption des Seminarablaufs um Rat gefragt und war durch den Hauptberuf darauf gefasst, dass die Wochenaktualität einen Strich durch manche Planung machen würde.

Doch ich hatte vergessen, mich auf das Wichtigste vorzubereiten: auf die Studenten. Ich glaubte, sie seien so ähnlich wie «wir».

Ich selbst habe 1987 Abitur in Westdeutschland gemacht. Noch gut erinnere ich mich an eine «Stern»-Titelgeschichte aus dieser Zeit, sie drehte sich um die Jugend der späten Achtziger. Unpolitisch sei sie und angepasst, sie feiere wieder Abibälle mit Abendkleid und Krawatten, sie mache Tanzkurse und verstehe sich gut mit ihren Eltern. Sie protestiere nicht mehr gegen den NATO-Doppelbeschluss, sondern träume vom Eigenheim mit Doppelgarage. Es klang vorwurfsvoll.

Wir Gemeinten verdrehten angesichts dieser Rebellionsnostalgie die Augen. Jetzt stimmen selbst die 68er in das Gejammer über die Jugend von heute ein, dachten viele von uns. Mittvierziger mit Hochschulerfahrung erzählten zum 20. Jahrestag der Revolte in Zeitungen und Fernsehen von ihrem Kampf gegen den

Muff unter den Talaren so, wie ihre eigenen Eltern vom Krieg erzählt hatten. Die ganz Alten hatten der Autorität gedient, die tonangebenden Mittelalten der Antiautorität. Sentimental waren alle.

Wir erlebten kurz nach dem Abitur den Fall der Mauer, fuhren nach Berlin oder weinten wenigstens vor dem Fernseher. Deuten wollten wir das Jahrhundertereignis mit Anfang zwanzig noch nicht, da ließen wir Willy Brandt, Günter Grass und Helmut Kohl höflich den Vortritt.

Wer von uns weder eine Banklehre noch eine Stadtinspektorenlaufbahn anstrebte, träumte davon, Irgendwas-mit-Medien zu machen. Auch mal deuten zu dürfen. Man studierte eine Geisteswissenschaft, unter anderem auch deshalb, weil man Helmut Kohl als geistlos empfand. Unsere Professoren witzelten, dass mindestens fünf von vier Politikstudenten in den Journalismus strebten. Dorthin wollte ich auch. Missstände aufdecken, etwas bewegen, berühmt werden wie Günter Wallraff, erst als rasender Reporter, dann als Redakteur mit unbefristetem Vertrag, Beriebsrente und 14. Monatsgehalt.

Wir wollten die Krisenherd-Expertise, aber auch die Einbauküche in einem In-Viertel von Berlin, Hamburg oder München. Wir wollten zweckfrei studieren, belegten deshalb schon im zweiten Semester hochspezielle Seminare zur Grammatik der Stalinnote im Ost-West-Vergleich, zur Rolle der Bundestagsverwaltung oder zur amerikanischen Außenpolitik zwischen 1956 und 1957 unter besonderer Berücksichtigung der Azoren. So etwas wie eine Karriere bezweckten wir trotzdem. Wir diskutierten viel in den Seminaren, einige von uns flochten schon im Proseminar die Formulierung «Das sage ich jetzt mal als Politologe» in jedes Gespräch ein.

Genau besehen, gab es jedoch dieses «Wir» nicht, das ich ge-

rade so beharrlich verwendet habe. Nicht mal im überschauba-
ren Seminar. Es gab Rechte und Linke, Redselige und Verschwie-
gene, Sweatshirt-Träger und Erstsemester mit Visitenkarten,
Ehrgeizige und Verträumte, Leute mit Nebenjob im Bundestag
und Systemverächter. Einige freuten sich über die Wiedervereinigung, manche bedauerten den Sieg des Kapitalismus. Die
Blöcke blieben in unserem politikwissenschaftlichen Seminar
länger bestehen als in der Weltpolitik: Die Kämpfer vom auto-
nomen Schwulen- und Lesbenreferat hätten sich zu meiner
Zeit geweigert, die Stipendiaten der Konrad-Adenauer-Stiftung unterzuhaken und umgekehrt. Die Studenten am Seminar
für Politische Wissenschaft der Uni Bonn, die nebenbei als Hilfs-
kraft beim Bundestag arbeiteten, unterschieden sich deutlich
von den Politologen des Berliner Otto-Suhr-Instituts, die nie-
mals für ein fragwürdiges System namens BRD Akten schleppen
wollten.

Politisches Denken war auch nach dem Ende des Kalten Krie-
ges nicht vorstellbar, ohne sich selbst im Rechts-Links-Schema
einzuordnen. Die einen hingen den unvollendeten 68er-Revol-
ten nach, die anderen den unvollendeten 68er-Gegenbewegun-
gen. Die einen lasen die «Frankfurter Rundschau» und die «Süd-
deutsche», die anderen die «Frankfurter Allgemeine» und die
«Welt». Viele studierten Politik, weil sie sich Staatsrecht nicht
zutrauten, es aber ihren Eltern nicht zu sagen wagten. Die meisten entschieden sich für das Fach, weil sie etwas von Staaten und
Regierungen verstehen wollten, um sie links- oder rechtsdre-
hend zu verändern. Sie trauten Politik und Staat einiges zu, im
Guten wie im Schlechten.

Wer nach einer Wohnung strebte, wie sie Mickey Rourke als
Börsenmakler in dem Kinofilm «9½ Wochen» vorführte, ent-
schied sich für BWL oder VWL. Politikwissenschaftler träumten

davon, ihr Bücherregal irgendwann im sanierten Altbau aufzustellen. Es war das Fach für Idealisten mit Bausparvertrag.

Etwas verband uns aber doch: Wir waren mit den Elefantenrunden der Bonner Republik aufgewachsen. Die wenigsten wollten rebellieren, die meisten wollten mitreden können bei den Großen. Politik galt als wichtig. Wer sich da einmischte, wer das sogar studierte, fühlte sich erwachsen, erst recht in der niedlichen Noch-Bundeshauptstadt Bonn.

Als Zeitungsjournalistin hätte ich wissen können, dass sich die Hochschulreifen zwischen dem Ende der Achtziger und dem Jahr 2000 verändert hatten. Lange bevor das Internet zum Massenmedium wurde, zeigten Werbeträgeranalysen, dass die klassische Politikberichterstattung vom Typus «Bundesaußenminister XY ist zu Regierungsgesprächen nach Z aufgebrochen» immer weniger Leser erreichte. Vor allem die Generation Privatfernsehen, also wir, wandte sich ab. Als Gerhard Schröder 1998 Kanzler wurde, beschäftigten sich die visuell Reizbaren lieber mit seinem italienischen Schneider als mit seinen politischen Ideen.

Die Heiligtümer der institutionellen Politik mit der Dreifaltigkeit aus Parteien, Amtsträgern und Programmen verloren schleichend ihren Appeal. Ob sich die Älteren tatsächlich aus tiefstem Herzen für Staatsbesuche, Bundestagsdebatten und Kabinettssitzungen interessierten, war zwar schon damals fraglich; aber immerhin nahmen sie das Institutionelle wenn nicht aus Neigung, so doch aus Pflichtbewusstsein zur Kenntnis. Wer etwas auf seine Bildung hielt, brach auch ein Buch von Thomas Mann nicht einfach ab. Sollte die Lektüre zu mühsam sein, suchte man die Schuld eher bei sich als beim Großdichter. Heute geben auch Menschen mit Abitur und Hochschulabschluss beherzt in Umfragen zu, dass sie die Werke des Literaturkanons beiseitelegen, wenn ihnen auf Seite neun langweilig wird. Nicht-Lesen ist nicht mehr peinlich, ebenso wenig wie Nicht-Klassikhören.

Was mit «Politik» überschrieben ist, galt bis in die neunziger Jahre hinein als per se wichtig.

Karl Popper, einer der wichtigsten Ideengeber der Politischen Wissenschaft, sagte einmal, jede Hypothese sei so lange haltbar, bis sie falsifiziert sei. Ich merkte: Es gab nicht einmal eine brauchbare Hypothese zu den Zweit- und Drittsemestern, die da im Frühjahr 2000 vor mir saßen. Nirgends stand geschrieben, dass sie sich weniger um die Belüftung des politischen Prozesses als um den Flüssigkeitshaushalt ihres Körpers sorgen würden.

Der Wasserbedarf ist ein oberflächliches Kriterium, das Popper nie akzeptiert hätte. Doch unter der Oberfläche hatte sich etwas Substanzielles verschoben. Kulturpessimistische Dozenten behaupteten, der Wissensdurst und der Wissenspegel seien zurückgegangen. Die Kanzler in die richtige Reihenfolge zu bringen und dabei Ludwig Erhard nicht zu vergessen, den historischen vom dialektischen Materialismus zu unterscheiden, die drei Gewalten zu benennen und über vierte und fünfte nachzudenken – Fehlanzeige. «Finden Sie das nicht wichtig?», frage ich nach der ersten Wissensstandserhebung in die Runde. «Wenn es zu Ihrer Zeit schon Wikipedia und Google gegeben hätte, hätten Sie diese Daten auch nicht auswendig gelernt», ist die Antwort.

Wikipedia und Google sind immer die Antwort. «Aber wenn Sie in einem Funkloch, bei Stromausfall oder leerem Akku über die deutsche Innenpolitik diskutieren wollen, müssen Sie doch ein paar Dinge im Kopf haben. Schon aus Interesse an der Politik», entgegne ich dann. «Adenauer, Brandt, Kohl, konstruktives Misstrauensvotum rauf und runter, das alles interessiert uns nicht, das ist zu lange her», sagen jene beiden, die sich überhaupt bis zu diesem Grad am Gespräch beteiligten. Das klingt so, als habe sie jemand in die Wüste verbannt. Auch wenn zum Beispiel Bundespräsidentenrücktritte und -Neuwahlen immer wieder Aktualität ins Seminar spülten, änderte das nichts an dem Gefühl der Studenten, von den Wassern des Lebens abgeschnitten zu sein.

Das Bundesbildungsministerium hatte einige Jahre später offenkundig denselben Verdacht und gab bei der Universität Konstanz eine Studie zum politischen Interesse der Studenten in Auftrag. Der Leiter der Studie sagte gegenüber dem Nachrichtenmagazin «Focus»: «Studenten haben den Eindruck, als könnten sie weder ihre berufliche Karriere noch politische Entscheidungen wirklich beeinflussen.» Dies sei eine Einstellung, die man früher eher bei Befragten mit formal niedriger Bildung gefunden habe.

Laut den 2009 veröffentlichten Ergebnissen interessieren sich 37 Prozent der befragten Studenten für Politik, 1983 waren es noch 54 Prozent gewesen. Immer weniger bezeichnen sich als «links» oder «rechts», eine steigende Zahl will sich gar keinem Lager zuordnen. Für Parteien interessieren sie sich nicht, für Bürgerinitiativen – als «neue soziale Bewegung» ein Klassiker der politologischen Forschung – erst recht nicht. Attac ist sexy, wird aber eher als Medienereignis wahrgenommen denn als Ort des eigenen Engagements. Die Masken der Occupy-Bewegung sind vom Smartphone-Display verschwunden, bevor sie überhaupt als faszinierendes Forschungsobjekt entdeckt werden konnten.

Diese Zahlen mögen nur eine Momentaufnahme sein. Es wurden 8350 Studenten von 25 Hochschulen befragt. Die Erhebung basiert auf einem institutionsfixierten und deshalb angreifbaren Politikbegriff. Warum soll als politisch nur das Engagement in Parteien gelten? Warum nicht die Unterstützermail für eine russische Punkband? Warum nur das Engagement mit Mitgliedsausweis, warum nicht der Flashmob, die Online-Petition, der Shit- oder Candystorm?

Das Politikverständnis hat sich verflüssigt, die einstigen Festkörper – Parteien, Ämter, Programme – werden um- und unterspült von einer Mischung aus Desinteresse und punktuellem Engagement. Verflüchtigt hat sich der Gedanke, dass politisches Bewusstsein zum Erwachsenwerden dazugehört.

Konkret bedeutete dies für den Uni-Alltag: Niemand lobt in einem politikwissenschaftlichen Seminar flammend das Grundgesetz, niemand schimpft auf das «Schweinesystem», niemand schwärmte für Hans Magnus Enzensbergers medienwissenschaftliche Essays oder wenigstens für einen aus Funk und Fernsehen bekannten Parteienforscher. Nur einmal, in einem Seminar über Medientheorien, bekannte sich ein junger Mann dazu, fast alle Schriften des Sprachwissenschaftlers Noam Chomsky gelesen zu haben. Der Student witterte Manipulation und vermachtete Sprache allerorten, er nahm jedes Referat der Kommilitonen und jeden meiner Sätze auseinander.

Das war anstrengend, aber auch anregend. «Du nervst, kannst du nicht mal die Klappe halten?», ließen ihn einige Mitstudenten schnell wissen. Die Mehrheit schwieg. «Intellektueller» wird in dieser Atmosphäre zum Schimpfwort.

Nicht links, nicht rechts – der Verzicht auf die Selbsteinordnung kann die Sinne schärfen. Wer sich nicht sofort positioniert, gibt der Neugier eine Chance. Könnte ihr eine Chance geben, muss es heißen. Das ideologische Feuer von einst wurde mit stillem Wasser gelöscht. Übrig geblieben ist Pragmatismus. Man könnte auch sagen: Überraschungsresistenz.

In der Schröder-Ära wurde es zum Beispiel in der Politikwissenschaft modern, von einer Amerikanisierung des deutschen Regierungssystems zu sprechen. Personalisierung, Inszenierung,

Emotionalisierung – das waren damals die Politologen-Mode-wörter. Wir verglichen in einem Proseminar den Wahlkampf Gerhard Schröders von 1998 mit dem Konrad Adenauers anno 1957, wir schauten Plakate an und Filme von verschiedenen Parteitagen. Neugier weckte das vermeintlich Neue nicht. Die Studenten schrieben emotionslos alles über die Emotionalisierung mit. Sie ließen mich spüren: Heute nennen die Doktores der Politischen Wissenschaft das eben so, morgen nennen sie es so, und wir werden das genauso nennen, wenn Sie uns dafür die Höchstpunktzahl geben. Ordern Sie eine Bachelorarbeit zum TV-Duell Schröder-Stoiber, wir liefern es Ihnen pünktlich und auf die Seitenzahl genau.

Über Rücktritte, Skandale und Untersuchungsausschüsse referieren die angehenden Bachelors mit einer Leidenschaft, als ginge es um den 32. Änderungsantrag der Abwasserverordnung für die ländlichen Gebiete Sachsen-Anhalts. Brav lesen sie die Lehrbuch-Kapitel, die ich vor einer Klausur empfehle. Wenn ich die Seiten 21 bis 76 nenne, kann ich sicher sein, dass niemand Seite 20 oder 77 anschauen wird. Wenn ich zur Vorbereitung auf die nächste Sitzung nur die Aufsatztitel nenne, aber nicht die PDFs gleich im Anhang mit sende, liest keiner den Artikel.

«Warum studieren Sie eigentlich Politik, wenn der Politikbegriff nicht über das hinausreicht, was ‹Spiegel Online› zur Politik erklärt? Wenn es so uninteressant ist, ob das demokratische Experiment in Deutschland geglückt oder misslungen ist? Wenn es so vorhersehbar ist, wie Medien und Politik einander beeinflussen? Wenn es so langweilig ist, was möglicherweise kluge Menschen dazu schon einmal gedacht haben?» Das fragte ich vor einigen Jahren zuerst mich, dann die Studenten. Da stellten sie Flasche und Notebook kurz zur Seite. «War mein Referat nicht gut?», fragten einige. «Bekomme ich keinen Schein?», wollten andere wissen. «Doch, doch, die Referate waren okay», tröstete ich die Besorgten. «Und keine Sorge: Einen Schein bekommen Sie auch.» Okaysein ist das oberste Lernziel, lerne ich aus solchen Dialogen. Okay ist das wahre Exzellent.

Die meisten haben aber auch bei diesem Thema geschwiegen. Das ist ein noch viel größeres Problem als die Okay-Zufriedenheit. Einige melden sich immerhin dann, wenn ihnen die Evaluationsbögen Raum für anonyme Anmerkungen lassen. «Die ganze Laberei hält uns vom Wesentlichen ab», schreiben sie in die dafür vorgesehenen Zeilen. Das Wesentliche, das sind die Seminarleistungen, die Credit Points, das schnelle Ende dieser fragwürdigen Veranstaltung namens Studium. Diskussionsbedarf möge bitte bei Facebook ausgelebt werden, nicht aber im Seminarraum. Da gehöre er nicht hin.

Politikwissenschaft stand schon immer im Verdacht, ein «Laberfach» zu sein. Das machte sie in den Siebzigern und Achtzigern so einladend. Die Fachinstitute reagierten auf diese Kritik, indem sie die Spezies der Parteienforscher hervorbrachten. Sie haben – Naturwissenschaftlern gleich – statt endloser Wortwechsel harte Messergebnisse zu bieten. Man kann sie als Experten in Talkshows und Nachrichtensendungen schicken.

Die Disziplin Statistik hat in den Geistes- und Sozialwissenschaften auch deshalb eine solche Karriere machen können, weil sie der Forderung «Schluss mit der Laberei» entgegenkam. Die Statistikprüfung ist ein Härtetest: Wer richtig rechnet, findet in den Ergebnissen jenen Halt, den Ideen und Diskussionen offenkundig nicht (mehr) geben.

Politische Theorie, Vergleichende Regierungslehre, Internationale Beziehungen – schon die Titel der Basismodule machen klar, dass Politikwissenschaft noch immer von Ideen angetrieben wird. Sie lebt von der Kontroverse, vom Widerstreit der Meinungen, von der Ambivalenz der Ergebnisse. Davon, dass die Ersten rufen: Die Bundesrepublik ist eine Parteiendemokratie. Die Zweiten: Die Bundesrepublik ist eine Mediendemokratie. Die Dritten: Die Bundesrepublik ist überhaupt keine Demokratie mehr, sondern eine Post-Demokratie. Und dass am Ende nicht so klar entschieden werden kann, wer von den Diskutanten recht hat. Jahreszahlen, Namen und Grundgesetz-Artikelnummern sind nur die Voraussetzung dafür, solche Auseinandersetzungen auf einem gewissen Niveau führen zu können. Was zählt, ist nicht das Auswendiglernen von Kanzlerschaften, sondern die Lust am geistigen Spiel, die Originalität der Argumente, die Fähigkeit, Widersprüche aushalten zu können, und der Ehrgeiz, eine eigene Position zu entwickeln. Diskussion ist Urteilskrafttraining. Genau hier sehe ich Defizite. Im Deutschunterricht der Unterstufe üben Schüler, wie man eine Erörterung schreibt. Sie sollen zum Beispiel die Frage hin- und herwenden, ob auf dem Schulhof die Handys eingeschaltet werden dürfen. Dafür müssen sie einige Argumente dafür und einige dagegen sammeln, erst in Tabellenform, dann ausformuliert. Wer an der Uni fragt, ob der Bundespräsident direkt vom Volk gewählt werden soll, hat Mühe, auch nur ein Pro- und ein Contra-Argument aus der Runde zusammenzutragen.

Akademisches Denken bedeutet auch, die Perspektive des anderen einnehmen zu können und an dessen Gegenargumenten zu wachsen. Für viele Studenten sieht die gezielte Suche nach dem Für und Wider allerdings wie ein ineffizienter Umweg aus. Einige Dozenten-Kollegen sind deshalb dazu übergegangen, Seminare eigens als «Debatte» auszuweisen und dort mit den Studenten die Rolle des Advocatus Diaboli zu üben. Ein kluger Schachzug, denn sobald die ausdauernde Diskussion eine punktwürdige Veranstaltung ist, wird sie akzeptiert.

Die Vielfalt der möglichen Gedanken wirkt sperrig in einem Bildungssystem, das schnelle und bezifferbare Ergebnisse verspricht. Das Gros der Studenten erwartet von der Lehre Eindeutigkeit, als sei Uni eine Abkürzung für Uniformität. «Ich küsse jedem in meinem Kurs die Füße, der eine Kontroverse auf den Punkt bringen kann, der einen Streit aushält und der mal einen verrückten Buchtipp parat hat», erzählte mir am Rande einer Podiumsdiskussion ein bekannter Journalist, der auch nebenbei an einer Hochschule unterrichtet. Öffentlich sagen würde er das nicht. Denn noch immer gelten Lehraufträge als Ehrenamt: Sie sind oft gar nicht oder nur bescheiden bezahlt, aber prestigeträchtig.

«Im Ansatz schon ganz gut»: Das vergiftete Lob

Lehrbeauftragte werden an die Unis geholt, weil sie wenig kosten und viele Studenten versorgen. Die offizielle Begründung lautet ein wenig anders: Lehrbeauftragte arbeiten hauptberuflich außerhalb der Uni, in Unternehmen, Verwaltungen oder Medien. In der Politikwissenschaft sind bisweilen Spitzenpolitiker a.D. dabei. Wegen ihrer Berufserfahrung können sie Studenten Praxisnähe vermitteln – und auch ein bisschen Hoffnung. Noch immer warnen Berufsberater vor einem geisteswissenschaftlichen Studium, Lehrbeauftragte beweisen indes, dass man doch einen Job finden kann, der der Rede wert ist.

Das Bedürfnis, von den Studenten wertgeschätzt zu werden, steigt proportional zum Prekaritätsgrad des universitären Beschäftigungsverhältnisses. Wenn der Lehrauftrag semesterweise verlängert wird, würde man gern gemocht werden. Professoren mit Beamtenstatus haben so viel Rücksicht nicht mehr nötig.

Geisteswissenschaften stehen auch deshalb im Verdacht, Laberwissenschaften zu sein, weil die Leistung objektiv kaum messbar ist. Jeder Dozent, der sich nicht mit Multiple-Choice-Tests zufriedengibt, entwickelt sein persönliches Bewertungsraster: Dem einen gefällt journalistischer Stil in einer Hausarbeit, der andere streicht lässige Formulierungen als unzulässig an; dem einen reicht eine Literaturliste voller WWW-Adressen, der andere möchte mindestens fünf Bücher aus dem eigenen Werkverzeichnis zum Thema aufgeführt sehen. Kollegen von der juristischen Fakultät, aber auch Informatik- und Maschinenbauprofessoren brüsten sich bisweilen damit, dass mindestens die Hälfte der Prüflinge im ersten Anlauf durchfällt. Seminare in den Geisteswissenschaften enden dagegen meistens mit einigen Einsen, vielen Zweien und ein paar Dreien.

Diese neue Milde ist auch eine Folge des Credit-Point-Systems. Anders als zu Magister- und Diplomzeiten können die Studenten keine miese Einzelnote mit einer brillanten Abschlussprüfung ungeschehen machen. Jedes Modul fließt in die Gesamtbewertung ein, jede Punktzahl bleibt bis zum Abschluss des Studiums sichtbar. Die Prüfungslast wurde gleichmäßiger über die Semester verteilt, doch nun drückt die Notengeber das schlechte Gewissen: Kann man es wirklich verantworten, im zweiten Semester eine Warn-Vier zu geben, wenn sie dem Studenten am Ende den Schnitt versaut? Dann doch lieber eine Drei.

Auf diese Weise ist ein Befriedigend in den Geistes- und Sozialwissenschaften zu einer schlechten Note geworden. Ich habe Studenten erlebt, die bei einer 3,3 darum gebeten haben, die Arbeit gar nicht zu werten, damit sie im nächsten Semester einen zweiten Anlauf auf eine Zwei nehmen können. Der Wissenschaftsrat veröffentlichte im November 2012 in einer Studie von mehr als 860 Seiten, was ohnehin jeder Beteiligte bemerkt hatte: Die Durchschnittsnoten steigen in den meisten Fächern. Die Experten bezweifeln, dass die Studenten besser geworden sind. In Politikwissenschaft schlossen die 850 Bachelorabsolventen des Jahres 2010 je nach Universität mit einer Note zwischen 1,5 und 2,2 ab. Bonn lag mit einem Durchschnitt von 2,1 im hinteren Feld. Bei den Diplomabschlüssen bewegte sich die Spanne zwischen 1,7 und 2,5; beim Magister zwischen 1,4 und 2,4.

«Die Zusammensetzung der Abschlussnoten aus den Ergebnissen einer Vielzahl studienbegleitender Prüfungen erleichtert es der bzw. dem einzelnen Prüfenden theoretisch, auch unterdurchschnittliche Noten zu vergeben, ohne sich dadurch unmittelbar in der Verantwortung für die Verteilung von Lebenschancen zu sehen», schreibt der Wissenschaftsrat in der Einleitung der Studie. Das liest sich so, als seien schlechtere Noten durchaus erwünscht; im Hochschulauswertungsjargon heißt das: eine stärkere Spreizung der Bewertungsskala wird angemahnt. Die Notengebung ist aber oft eher auf Konsens ausgerichtet als auf Differenzierung. Noten gaukeln Orientierung und Objektivität vor, erst recht, wenn vom Numerus clausus viel abhängt, etwa die Aufnahme in einen Masterstudiengang. Noch ist es nicht so weit, dass wie bei Arbeitszeugnissen ausschließlich positiv bewertet werden darf. Aber es gehört Überwindung dazu, in einem Umfeld voller «Gut» und «Sehr gut» ein «Ausreichend» zu vergeben.

Studenten lesen Schriften des Wissenschaftsrates eher selten, aber sie spüren: Ein Politik-Abschluss mit «Befriedigend», also einer Drei, ist knapp an «Durchgefallen» vorbei. Eine Drei in einer einzelnen Veranstaltung wird als kränkend wahrgenommen.

Vor einigen Semestern gab ich einem Studenten eine Hausarbeit als nicht bestanden zurück. Die Arbeit erschöpfte sich in der Beschreibung einer Politiksendung ohne erkennbare Beurteilungskriterien. Ich bot dem Autor an, er könne die fünfzehn Seiten noch einmal neu abfassen. Nach einigen Wochen schickte er die überarbeitete Version. Sie war besser als der erste Versuch. Ich rief ihn an, sagte ihm, er habe doch noch bestanden. Mit einer schwachen Drei. Am Telefon war zunächst Stille. Nach einer Pause sagte er: «Meine Freundin ist zwar Juristin, aber ich mache Ihnen wegen der Drei minus keinen juristischen Stress.»

Vor einigen Jahren fragte ein Kollege eines benachbarten Fachs, ob ich die Studentin XY kenne. Es gebe Probleme mit ihrer Hausarbeit, und sie habe angegeben, mich zu kennen. Besagte Studentin hatte mir in einer Klausur zur Innenpolitik ein nahezu unbeschriebenes Blatt abgegeben. Nicht bestanden also. Zum vereinbarten Nachprüfungstermin war sie nicht erschienen, drei Monate später beschwerte sie sich per Mail über den ausbleibenden Leistungsschein.

Der Kollege seufzte, als er die Vorgeschichte hörte. Ihre Hausarbeit sei eine der dürftigsten, die er je gelesen habe. «Dann gebe ich ihr eine Drei», sagte er schließlich.

Das mag ein Einzelfall sein, aber einer, der in jedem Semester mehrmals vorkommt, sobald die Noten schlechter als 2,0 werden.

Ein Student monierte im Gespräch eine Zwei minus. Er habe die Arbeit von zwei Experten lesen lassen, und die hätten ihm mindestens eine Zwei plus attestiert, ließ er mich wissen. Ich blieb bei der 2,3, weil die Arbeit zu einseitig auf eine Theorie fixiert war. Was ich gerecht fand, hielt er für selbstgerecht.

Natürlich ist eine Bewertung keine unverrückbare Wahrheit, weder Professoren noch Lehrbeauftragte verkünden eine Note ex cathedra. Diese Zeit ist zum Glück vorbei. Nun aber gilt das andere Extrem: Eine Note jenseits der Zwei wird als unverbindliche Preisempfehlung aufgefasst. Prompt stellte sich die Diskussionsbereitschaft ein, die ich während eines Seminars vermisse. Eine 2,7 empört mehr als jedes Unrechtsregime. Denn die Note ist das, was gut sichtbar für andere vom Studium übrig bleibt. Das Messbare. Es gibt Gymnasien, an denen die Hälfte eines Abiturjahrgangs eine Eins vor dem Komma erreicht. Schülerinnen und Schüler wiederholen lieber eine Klasse in der Oberstufe, als mit einem Durchschnitt von 2,8 abzuschließen. Dass an der Inflation der guten Noten etwas faul ist, wissen auch die Abiturienten selbst, aber sie haben verstanden, dass Zahlen zählen. Je weniger die Noten über die tatsächliche Leistung aussagen, desto mehr hängt von ihnen ab.

Der studentische Blick wird unduldsamer, wenn es nicht um die eigenen Punkte, sondern um die der anderen geht: Die Mehrheit der Studenten wünscht sich laut Evaluation klare Ansagen von den Lehrenden, ja sogar mehr Strenge. Es stört sie, wenn Kommilitonen chaotische Referate mit narkotisierender Stimme halten. Noch mehr stört sie, wenn der Dozent das Elend nicht beendet. Besonders die sehr guten wünschen sich ungeschöntes Feedback. Mehr noch: Sie wollen, dass diejenigen, die ihrer Ansicht nach zu Unrecht die Uni bevölkern, «rausgeprüft» werden. «Wenn ich eine Formulierung hasse», sagte eine besonders engagierte Studentin während einer Fachschaftsdiskussion, dann ist es der Dozentenspruch: ‹Im Ansatz schon ganz gut.›»

Sie hat ja recht. Auch wir Lehrbeauftragte geben uns früh mit dem Okay zufrieden. Wir brechen zu selten schlechte Vorträge ab und trauen uns oft nicht, jemanden vor versammelter Mannschaft hart anzugehen. Wir begehren, nicht schuld an den Kollateralschäden des Kampfs um Noten und Abschlüsse zu sein. Auch einmal «Nein, so geht das nicht» zu sagen, das überlassen wir lieber den späteren Arbeitgebern. Wir an der Uni verschieben gern die Verantwortung in die Welt da draußen, außerhalb der Uni-Mauern, zum Teil aus Bequemlichkeit, zum Teil aus Scheu vor den Folgen. Und auch Mitleid mit unserem Publikum schwingt mit, weil ihm die Studienordnung wesentlich mehr Programm aufbürdet als uns damals.

Referate hält aufgrund der Arbeitsbelastung der Studenten nicht jeder Dozent für sinnvoll. Ich schon. Wenn der Vortrag gelingt, hat der Student ein Thema, dem ausgewachsene Wissenschaftler ihr Leben gewidmet haben, aufs Wesentliche reduziert. Dafür reichen meistens 25 Minuten. Diese Reduktion muss man üben. Referate dürfen auch mal schiefgehen. Aber das Wort Üben hat für viele Studenten einen schlechten Klang. Das Referat soll perfekt *aussehen*, und da wirkt Convenience besser als Selbstgekochtes. Deshalb steckt oft mehr gedankliche Arbeit in den Finessen der Überblendungsvariante zwischen zwei Folien der Power-Point-Präsentation als in Inhaltsstoffen und Portionierung.

Eine Studentin, die sich ein medienpolitisches Thema ausgesucht hatte, schickte mir wie vereinbart einen Tag vor dem Referatstermin ihre Präsentation zu. Es waren 50 Folien, vollgestopft mit Gesetzestexten, Literatur-Zufallsfunden aus dem Internet und detaillierten Beschreibungen der juristischen Grundlagen der Landesmedienanstalt Berlin-Brandenburg. Ich bat sie, den Power-Point-Ausstoß auf ein Drittel zu reduzieren, und schlug ihr eine Gliederung vor. Am nächsten Tag hielt sie das Referat mit unverändertem Folienaufkommen. Ich brach den Vortrag nach fünf Minuten ab. Die Studentin kämpfte mit den Tränen, zu den nächsten Sitzungen erschien sie nicht mehr. Meine Mails blieben unbeantwortet. Ihr Fernbleiben kann man als Triumph des Leistungsprinzips deuten. So ein frühes Nein sei doch das

Gnädigste, sagte mir ein Kollege. Doch bei mir bleibt der schale Nachgeschmack einer verpassten Chance.

Wir Lehrbeauftragte gehen, wie die Mehrheit der Studenten, oft den Weg des geringsten Widerstandes. Donnerstags nachts, wenige Stunden vor dem Referat, laufen regelmäßig Mails mit Magen-Darm- oder Computer-Viren-Meldungen bei mir ein. Das Referat am nächsten Morgen sei darob leider unmöglich. Wenn der Auftrag nicht ganz ins Leere gehen soll, heißt das: Ich muss eine Nachtschicht einlegen und das volle Programm selbst bestreiten. An Stehtischen am Rande von Tagungen namens «Quo vadis Alma Mater?» diskutiert man die absurdesten Entschuldigungen, halb amüsiert, halb pikiert. Doch der Smalltalk bei Streuselkuchen überspielt einen großen Ärger: Wir Lehrende hadern auch mit uns selbst, weil wir die digitalen Sorrys zu oft annehmen.

Die Studenten wissen, wie oft sie fehlen dürfen, ohne die Seminarleistung, also die Credit Points, zu verlieren. Viele fehlen punktgenau. Ein Teilnehmer beziehungsweise Zunächst-Nicht-Teilnehmer, meldete sich von der ersten Sitzung ab, weil er nur freitags den Billigflug zu einem Städte-Marathon bekommen konnte. «Denken Sie sich doch wenigstens eine Weisheitszahn-OP aus», sagte ich. Doch Ironie, also mangelnde Eindeutigkeit, verfängt nicht. Er schaute mich verdattert an. Er wollte doch bloß ehrlich sein, sagte dieser Blick. Und da war nun einmal an diesem Wochenende die 42-Kilometerstrecke wichtiger als das 90-Minuten-Modul. Soll man den jungen Mann deswegen gleich rausschmeißen? In den nächsten Sitzungen war er jedenfalls einer der Eifrigsten. Ein Marathon-Diskutant.

Es gibt Hochschullehrer, die ihr Image als harter Hund pflegen und auf Durchrasselquoten von 60 Prozent so stolz sind, als streichle ihnen dafür jemand mit einem «Gut gemacht!» das Fell.

Das andere Extrem sind die vielen Dozenten, die niemandem weh tun wollen, weil sie ein schlechtes Gewissen haben: wegen des Bachelor-Systems. Wegen der vielen Burnouts in den Studierstuben. Wegen der Hirndopingpillen im Studentenfutter. Und vor allem, weil wir die jungen Leute eigentlich ganz nett finden. Unheimlich nett, hätten wir sie in den Achtzigern genannt. Denn sie geben uns das Gefühl, dass Kritik sie nicht antreibt, sondern versehrt.

Noch einmal mit Gefühl:
Das Ich an der Macht

Politikwissenschaft beschäftigt sich mit Macht. Politikwissenschaftler beobachten Ideen, Personen und Institutionen beim Mächtigwerden, beim Machterhalten und beim Machtverlust. Politikwissenschaftler beschreiben und analysieren. Bezugsrahmen ist die Res Publica, also die öffentliche Angelegenheit; öffentlich ist wiederum, was das Gemeinwesen betrifft. Es ist das für die Allgemeinheit Relevante. Lehrpläne sind von diesem abstrakten «Man» her gedacht, nicht vom Ich.

Für die heute um die Zwanzigjährigen dagegen ist alles öffentlich, auch das Privateste, auch das Nichtigste. Relevanz bemisst sich nicht mehr daran, ob es fast alle betrifft, sondern daran, dass es mich, den Nutzer, angeht. Das Individuum ist die Relevanz-Instanz, nicht der klassische Bildungskanoniker, nicht der Regierungssprecher, nicht die «Tagesschau». Politik gilt Älteren als per se wichtig, deshalb fangen «alte» Medien noch immer mit dem Politikressort an. Es ist jedoch müßig, Zwanzigjährige dazu aufzufordern, sich durch die Politmagazine der ARD zu arbeiten oder die einschlägigen Ressorts der

Zeitungen zu lesen. Kindernachrichten wie «Logo» haben sich etabliert, erfolgreiche politische Jugendsendungen gibt es hingegen nicht.

Politisches nehmen die jungen Erwachsenen, die einen erweiterten Politikbegriff einklagen, nur dann wahr, wenn es an ihr Gefühl appelliert und nicht an die Pflicht. Politisch interessant ist dann nicht das Interview mit der Bundesfamilienministerin, sondern die Neon-Titelgeschichte «Wann möchtest du ein Kind?». Von gestern ist die Gewerkschaftskundgebung für den Mindestlohn, aber vielleicht lockt der Flashmob «Stürmt die nächste McDonald's-Filiale». Meine Studenten wollten nicht wissen, ob Christian Wulff für das Amt des Bundespräsidenten geeignet war, sie tummelten sich nach dem ZDF-Interview eher auf der Seite «Übernachten bei Bettina Schausten». Die arabische Revolution hat sie auch deshalb elektrisiert, weil die Bilder dieses Mädchens mit dem blauen BH um die Welt gingen. Sie war so alt wie die Erstsemester, und der BH hätte von H&M sein können.

Vielleicht fing alles damit an, dass im Wetterbericht der «Tagesschau» die Meteo-Moderatoren begannen, von gefühlter Temperatur zu faseln. Die nächste Stufe ist das gefühlte Wahlergebnis. 23 Prozent können für eine Volkspartei großartig sein, wenn die Umfragen sie vorher bei 18 gesehen haben. Der Staatsbürger hat offenkundig ein Recht auf Gefühltes. Das haben die heute 20- bis 25-Jährigen begriffen. Das Studium ist zwar verschult, das lesen sie allenthalben, trotzdem soll es ihren emotionalen Durst stillen. Relevant ist nicht der Minister, der EU-Kommissar, nicht einmal die Kanzlerin. Diese Altersgruppe will nicht die Macht verstehen, sie will sie auch nicht unbedingt erobern, sie will sich verstanden fühlen. Nur das Persönliche ist politisch.

Als Parteienforscher noch von der «Amerikanisierung der Wahlkämpfe» schwadronierten, haben diese Jungen eine neue

Partei zu Wasser gelassen, deren Spitzenkandidaten nicht zu Pop-Hymnen in den Saal einziehen. Die Piraten inszenierten sich durch Nicht-Inszenierung, sie waren einfach nur da. Sie konnten sich nicht auf ein Programm einigen, sie versprachen Liquid Democracy, das passte irgendwie zu den Wasserflaschen. Schon das Wort Netzpolitik enthält ein ungleich größeres Versprechen als alle Sozial-, Wirtschafts- und Außenpolitik zusammen. WWW-Politik verheißt eine andere Welt, zu der die Alten keinen Zutritt haben.

Doch die Partei, deren Wählerschaft die institutionalisierte Politik noch nicht einmal ignoriert, tut sich schwer mit dem langen Marsch durch die Institutionen. Das Interesse der Digital Natives lässt schnell nach. Die junge Piraten-Partei gilt schon als politisches Leergut. Aber erst einmal war der Aufstieg ein geiles Gefühl, und das ist die Hauptsache.

Manchmal wünscht man sich als Dozent, es möge im Seminar ein bisschen so zugehen wie auf den ersten Piratenparteitagen: laut, streitlustig und frei schwebend. Was lässt die Studenten so schonend mit ihren Rederessourcen umgehen? Sicherlich ihr Sinn für Effizienz, aber auch ihre Verletzlichkeit. Wer mit dem Internet aufgewachsen ist, dürfte darin geübt sein, im Schutz der Computerdachkammer Beleidigendes in die Kommentarspalten der Online-Medien zu tippen.

Doch die Socialnetworker tun sich schwer damit, dem Kommilitonen im Seminar direkt zu sagen, warum sie sich nach fünf Minuten lieber mit dem Smartphone unter dem Tisch als mit dessen Vortrag beschäftig haben. Diese unangenehme Aufgabe soll ihnen bitte, bitte der Bildungsberechtigte abnehmen. Wenn der sich aber dazu durchringt, nehmen die Kritisierten Anmerkungen zur Sache persönlich.

Als ich auf der Meinungsseite der ZEIT im Mai 2012 über

meine Erfahrungen nach gut zehn Jahren an der Uni geschrieben habe und mein Fazit nicht ausschließlich nett ausfiel, reagierten auffallend viele studentische Leser nicht argumentativ, sondern schrieben in Mails und Kommentaren «Der Text hat mich verletzt». Das Lob für den Artikel fiel ähnlich gefühlsbeladen aus: «Der Artikel hat mich berührt», hieß es da.

Welche Emotionen setzt Karl Dietrich Bracher frei? Welche Marshall McLuhan? Und wie fühlt sich Elisabeth Noelle-Neumanns Schweigespirale an?

Das «Ich» war früher in Zeitungsartikeln tabu, wenn der Autor nicht gerade so prominent wie Günter Grass war. Der Ich-Schreiber setzte sich dem Verdacht aus, vor lauter Ego die gesellschaftlichen Strukturen zu vergessen. Heute gilt das Ich mit Recht als Voraussetzung dafür, dass ein Artikel überhaupt wahrgenommen wird. Wäre mein ZEIT-Artikel nicht gespickt mit Ichs und Ihrs gewesen – das Publikum hätte ihn wohl kaum registriert.

Es erscheinen Reportagen vom Typus «Ich war in Auschwitz, und hier lest ihr, warum mir dort speiübel wurde.» Es erscheinen Buchrezensionen, in denen die Verfasserin detailliert notiert, was in ihr vorging, als sich die Einschweißfolie nicht sofort vom Buch löste. Der «Stern»-Text über Rainer Brüderles Dirndl-Spruch an der Bar bezog seine Wucht aus der Perspektive: «Seht her, *mir* hat er das gesagt, von *meinem* Busen ist die Rede».

Das Ich betont die Einzigartigkeit und macht doch alle gleich. Jeder ist mit jedem auf Augenhöhe: Die Rezensentin mit dem Nobelpreisträger, der Reporter mit der gesamten deutschen Geschichte, die Jungjournalistin mit dem FDP-Urgestein, der Student mit Max Weber und Jürgen Habermas.

Für das Studium bedeutet diese Ich-Verliebtheit: Der Originaltext einer Geistesgröße muss sich permanent danach befragen lassen, wie er sich anfühlt. Er muss sich dafür rechtfertigen, dass er beim Ich schlechte Gefühle auslösen kann: Langeweile, Unverständnis, Irritation, Mühe. Dass schon vor unserer Zeit kluge Menschen diesen Planeten bevölkert haben, dass Studieren einen davon entlastet, alles aus dem eigenen Selbst zu schöpfen, wirkt wie eine unbrauchbare Botschaft von gestern. Originaltexte stehen im Verdacht, Originalitätsbremsen für die Genies von heute zu sein.

Damit diese Entwicklung nicht wie eine Niederlage für die Lehrenden und die Buchschreiber in den Geistes- und Sozialwissenschaften aussieht, retten wir uns in die Formulierung: «Die Studenten lesen nicht weniger, sie lesen nur anders. Auch das Internet hat doch mit Lesen zu tun!» Lange Bücherlisten sind nicht unbedingt ernstgemeinte Leseempfehlungen, sie entlasten vor allem das Gewissen der Lehrenden. Weil das Durchpflügen vielseitiger Texte im Stundenplan störend wirkt, bieten die Unis mittlerweile Lese-, Pardon, Lektürekurse an. So weckt wenigstens der klangvolle Titel Neugier auf eine alte Kulturtechnik.

Der akademische Bildungsweg führt nach meiner Privatempirie oft über das Bild: Beim Thema Medienethik habe ich gute Erfahrungen mit der Verwendung eines Fotos des toten Uwe Barschel in der Badewanne gemacht. Wenn die Power-Point-Präsentation an diesem Punkt angelangt ist, liegt in meinem Blick jene Frage, die früher nur Sportreporter stellten: «Und, wie fühlt ihr euch jetzt?» Das junge Publikum blickt tatsächlich auf die Leinwand. Einer sagt dann: «Ich fühle mich an die Hinrichtung Saddam Husseins erinnert. Aber an solche Titelbilder habe ich mich gewöhnt.»

Das klang kalt, aber mir wurde warm ums Herz. Wahrscheinlich müssen wir Lehrenden uns verabschieden von den Kanzlern in der richtigen Reihenfolge. Von den großen Polit-Affären und den noch größeren Ismen der politischen Ideengeschichte. Von

all dem, was noch in der Studienordnung steht und in den Politik-
teilen der Zeitungen. Das Standardwerk zur Regierungslehre,
das noch nicht geschrieben ist, müsste heißen: «Ich. Und das
Regierungssystem der Bundesrepublik».

Gut drauf, gut leben

88 Prozent der 14- bis 24-Jährigen blicken optimistisch in die
Zukunft, 95 Prozent halten es für «wichtig» oder «sehr wichtig»,
etwas im Leben zu leisten. Diese Zahlen veröffentlichte die Gesellschaft für Konsumforschung im Dezember 2012. Die meisten jungen Leute sind also zuversichtlich, ihren Platz im Leben zu
finden.

Die müden Augen am Freitagmorgen um acht sind durchlern-
ten wie durchzechten Nächten geschuldet. Das war nie anders.
In den Minuten, bevor das Seminar beginnt, erzählen die Teilnehmer von geplanten Rafting-Touren und amerikanischen Se-
rien auf DVD, viele haben sich ihre MacBooks durchs Kellnern
selbst erarbeitet. Zwei Drittel der Bonner Studenten jobben. Sie
scheinen guter Dinge und leisten sich gute Dinge. Sie haben sich
mit einer Welt der befristeten Dienst- und Liebesbeziehungen,
der Provisorien und Rettungsschirme arrangiert. Sie ertragen
feuchte Hörsäle und trockene Vorlesungen, leere Versprechen
und volle Prüfungspläne. Sie wollen da durch, in möglichst kur-
zer Zeit mit möglichst guten Noten. Das Studium soll nicht, wie
bei den Älteren, das Leben und Reden noch jahrzehntelang nos-
talgisch prägen. Interessant ist, was prüfungsrelevant ist. Sie sind
gefühlig und berechnend zugleich.

Politik meint auch die Suche nach der guten Ordnung. «Gut»
ist eine moralische Kategorie. Sie bezieht sich nicht nur auf das

Sein, sondern auf das Sollen. Das Politikstudium früherer Tage war durchsetzt von Moraldebatten: Wer von denjenigen, die Irgendwas-mit-Medien werden wollten, tatsächlich etwas in den Medien geworden ist, führt die Hörsaaldiskussionen in seinen Zeitungen und Sendungen fort: Darf man das sagen? Darf man das denken? Wer sagt das auch, und darf man das ebenfalls sagen, wenn der das sagt? Die meisten deutschen Großdebatten funktionieren bis heute nach diesem Muster.

Der Satz «Das ist doch Feuilleton!» gilt darob meinen Studenten als Synonym für übellaunige intellektuelle Selbstbefriedigung. Die Fachikone Wilhelm Hennis hatte Feuilleton einst als Kompliment gemeint. Wilhelm wer?

Vor einigen Jahren sprachen wir im Seminar über den Umgang mit NS-Propaganda. Es gab damals einen aktuellen Anlass: Eine Publikation namens «Zeitungszeugen» wollte Nazi-Zeitungen aus dokumentarischen Gründen nachdrucken, zudem war eine wissenschaftliche Edition von Hitlers «Mein Kampf» geplant. Politiker hatten sich dazu geäußert, die Feuilletons waren in Wallung. Was spricht dafür? Was dagegen? Die Studenten blickten mich verständnislos an. Dann sagte einer: Das Buch sei doch im Internet überall verfügbar, der Tanz um diese Nazithemen sei absurd, und außerdem sei das Zensur. «Ist es Zensur, wenn der Souverän beschließt, bestimmte Inhalte zu verbieten? Oder gehört das zur Selbstverständigung in einer Demokratie?», fragte ich zurück. Die Abstimmung ergab: Die Mehrheit hielt es für Zensur.

Moralüberdruss wird nicht nur bei NS-Themen spürbar. Wenn Referate zur journalistischen Ethik zu vergeben sind, schnellen zwar viele Hände nach oben, Irgendwas-mit-Werten schafft es immer unter die Top-Drei der Themenhitliste. «Dürfen Journalisten bei einer Geiselnahme zu den Verbrechern ins Auto steigen?», fragen die Referenten zum Beispiel. Doch auch da ernten sie Schulterzucken. Irgendeiner wird es schon tun, und wenn dessen Bilder millionenfach eingeschaltet oder angeklickt werden, dann hat er recht. Was also soll die Frage?

Fast verschämt schickte mir ein Student nach einer Sitzung zum Thema Medienethik seinen Blogeintrag. Er hatte über einen Vorfall in der New Yorker U-Bahn vom Dezember 2012 geschrieben. Ein Fotograf hatte beobachtet, wie ein Mann auf die Gleise geschubst wurde. Der Reporter drückte den Auslöser, als der Mann vergeblich um sein Leben kämpfte. Der Student fand das Verhalten des Fotografen – empörend. Es war eine seltene, einsame Gefühlsregung, trotz aller Gefühligkeit.

Ein Betroffenheitstremolo ist keine erstrebenswerte akademische Schwingung. Erregungsangebote gibt es auch außerhalb der Uni genug. Erst kommt das Wissen, dann die Moral. Und dennoch: In diesem Moment empfand ich die Empörung des Studenten beinahe tröstlich. Sie zeigte zumindest einen Anflug jener Leidenschaft, ohne die auch Wissenschaft nicht auskommen kann.

Amoralisch sind meine Gegenüber mitnichten, nur weil sie Moral-Nostalgikern wie mir die Darf-man-das-Debatte verweigern. Viele Politikstudenten unterstützen Amnesty International, melden sich zum Bundesfreiwilligendienst oder engagieren sich in der Fachschaft. Sie jobben, bevor sie ein Studium beginnen, in indischen Kinderheimen und australischen Weinbergen. Ihre Eltern helfen ihnen dabei, denn diese Stationen machen sich gut im Wettbewerb um den weltläufigsten Lebenslauf. Ihre Notebooks betanken sie am liebsten mit Ökostrom. Sie verstehen sich gut mit ihren Eltern, sie müssen sich nicht an übermächtigen Vaterfiguren abarbeiten. Sie sind ermüdet von medialen Heilslehren und Totalmoralinstanzen.

Wenn schon Moral, dann wollen sie deren Sinn selbst spüren.

«Her mit dem guten Leben», sprühen sie an virtuelle Wände. Politikwissenschaft, wie sie an der Hochschule vermittelt wird, meint noch immer die Suche nach der Norm und der Form, die Frage nach dem Staat und der Macht. Die Studenten aber dürsten nach einem Leben, das sich für sie gut und richtig anfühlt.

«Ihr wollt nicht hören, sondern fühlen», war mein Artikel damals in der ZEIT überschrieben. Herablassend und selbstgerecht sei das, stand in einigen Politikblogs zu lesen. Wahrscheinlich stimmt das. Es war die Rezension aus der Loge, die Nörgelei von oben.

Die Erwartungen ans Studium sind einerseits pragmatisch-bescheiden, andererseits unerfüllbar groß. Erwartet wird nicht weniger als Anleitung zum sinnvollen Sein, erst recht von einer Geisteswissenschaft. «Verdammt noch mal, ich will nicht wissen, wie MAN es macht, ich will nicht wissen, ob ein Journalist in einem Seehofer-Porträt eine Modelleisenbahn schildern darf, die er nicht mit eigenen Augen gesehen hat. Ich will wissen, wie ICH es machen soll! Und was ich überhaupt machen soll.» Das schrieb mir ein Student nach einer Diskussion um den Henri-Nannen-Preis 2011 per Mail. Dasselbe steht in vielen Gesichtern geschrieben.

Sinn und Nutzen sind deckungsgleich geworden, und gerade deshalb klafft eine Bildungslücke. Studenten erwarten, dass Wissen sofort verwertbar ist. Eine klassische universitäre Bildung dagegen, die nicht nur Ausbildung sein will, lässt auch zunächst unbrauchbar scheinende Gedanken zu. Das Nützliche macht mein Publikum ruhig, das scheinbar Unnütze nervös. Diese Bildungslücke lässt sich nicht mit noch mehr Kanzlernamen und Regierungsdaten, auch nicht mit noch mehr Prüfungen und Referaten schließen. Wahrscheinlich hilft es schon, sie wahrzunehmen und vor allem: sie ernst zu nehmen. Wir lehren nicht immer das Richtige. Unsere Power-Point-Show geht am wunden Punkt vorbei.

WARUM ES SO LÄUFT:
DAS LEBEN IST HART, DAS WASSERBETT WEICH

Kevin allein im Optionalmodul:
Die verlorenen Siegertypen

«Wir trinken nicht zum Spaß!», stellte Juliane Löffler, eine Studentin aus Potsdam, in der Zeitungscommunity «Freitag» klar. Ihre Replik auf meine Wasserflaschen-Diagnose trug den bildungsbürgerlich getränkten Titel «Summa cum gaudi». Juliane Löffler, Jahrgang 1986, schrieb unter anderem: «Viele von uns sind ausgelaugt. Wir schleppen uns von einem unbezahlten Vollzeitpraktikum zum nächsten. Auch nachdem wir uns durch einen Bachelorabschluss qualifiziert haben, arbeiten wir in Ateliers, Jugendverbänden, politischen Bündnissen und Einrichtungen ... Wir versuchen den Stoff für eine der zehn Klausuren zum Semesterabschluss zu notieren und denken dabei schon an das nächste Referat ... Wir wollen durchhalten. Und statt einem Tröpfchen Unterstützung erhalten wir eine Kampfansage ... Frau Florin hat nicht verstanden, dass wir uns mit diesem Durst nicht der Wellnesskultur unterwerfen, sondern dass wir nach Unterstützung und etwas Sicherheit dürsten. Die Zukunftsangst meiner Generation ist zum Motor unserer standardisierten Leistungsbereitschaft geworden.»

Hunderte andere Mailschreiber und Facebookbeiträger polemisierten gegen den kleinen ZEIT-Text; auch anderswo erschienen empörungsgesättigte Repliken. Da hat offenbar eine akademische Elfenbeinturmbewohnerin aus dem verschlafenen Bonn ihre Studenten jahrelang mit Kanzlernamen gequält und kann nun vor lauter Pensionsansprüchen nicht mehr nachvollziehen, wie hart das Leben für junge Leute ist.

Eine kurze Google-Recherche hätte zeigen können, dass ich weder verbeamtete Uni-Mitarbeiterin bin, noch in einer Branche mein Geld verdiene, die lebenslange Beschäftigungsverhältnisse offeriert. Zehn unbezahlte Praktika waren auch zu meiner Zeit zumindest für angehende Journalisten üblich, im Ausland gewesen sein sollte man auch, allerdings musste es noch nicht Südafrika oder Australien sein – Cambridge, Paris oder Bologna genügten als Mobilitätsbeweis. Vor befristeten Verträgen schützte der Top-Lebenslauf auch schon in den 1990er Jahren weder Magister noch Doktor.

Immerhin, der Wasserflasche attestierten auch die Gegenschreiber eine ikonographische Qualität. Aber ich muss zugeben: Ich hatte nicht genau genug auf den Grund des Plastikbodens geschaut. Ich hatte die Studenten zu Akteuren erklärt, obwohl sie sich als Opfer empfinden. Als unsere Opfer. Sie tun brav das, was wir Dozenten, Mittelalten, Analogue Natives und Digital Immigrants von ihnen erwarten und müssen sich nun auch noch in einem bildungsbürgerlichen Blatt für ihre Anpassungsleistung kritisieren lassen.

Endlich kam nun medial jene Debatte zustande, die im geschützten Seminarraum kaum möglich war. Vergnügt sein heißt einverstanden sein, behauptete Adorno. Das mag zu seiner Zeit für den mit Schlagern ruhiggestellten Arbeiter richtig gewesen sein; für die ruhigen Studenten stimmt es nicht. Die Summa-cum-gaudi-Zielgruppe bekundet Demoskopen gegenüber Optimismus – aus Überzeugung einverstanden mit den Verhältnissen ist sie nicht, weder an der Uni noch im Rest der Gesellschaft. Sie weiß nicht einmal, ob sich eine Haltung überhaupt lohnt.

Laut Umfragen steht den heute 20- bis 25-Jährigen die Welt offen, zumindest den Privilegierten, die es an eine Uni geschafft haben. Sie haben so viele Optionen wie keine Generation zuvor. Sagen die Jugendstudienschreiber von heute. «Egotaktiker» oder «Nutzenmaximierer» nennen sie ihre Forschungsobjekte. So heißen potenzielle Gewinner.

Den meisten Studenten ist klar, dass ihr Uni-Zeugnis gerade kein Abschluss ist, sondern erst der Anfang einer wechselvollen oder, euphemistisch formuliert, spannenden Berufsbiographie. Das Studium setzt sich aus Modulen zusammen, das Leben auch. 16-Stunden-Tage mit Miles-and-More-Status oder 43,3-Prozent-Teilzeitjob in einer Führungsposition, vier Umzüge in zwei Jahren oder ein Sabbatical auf einem Berghof ohne fließendes Wasser, mit 40 Jahren ein Downshifting von der Medienmanagerin zur Herbergsmutter, mit 44 noch mal selbst Mutter werden – für alles gibt es prominente *Role Models* oder wenigstens laute Propagandisten. Alles scheint verhandelbar.

Die Generation der nach 1985 Geborenen hat viele Namen. «Generation Y» wurde sie von alten Semestern getauft. Die können sich noch an Douglas Couplands Roman «Generation X» erinnern mit seinen drei verlorenen, herumhängenden Protagonisten. Die haben zwar studiert, schlagen sich jedoch als Parfümverkäufer und Barkeeper durch. Die Leistungsgesellschaft verachten sie, ihr eigenes Leben allerdings auch. Immer wieder reden sie über die Angst vor einem Nuklearkrieg.

Die «Generation Y» dagegen hängt auch ab, ist aber bereit, den Sinn im Job wenigstens zu suchen. Die X-Leute wurden von den Personalchefs ignoriert, an den Ys kommen sie nicht vorbei. Die Karriere-Teile der Zeitungen sind von ihnen durchaus angetan. «Ebendiese Generation Y, die häufig materiell vollversorgt und überbehütet in Wohlstand und Frieden aufgewachsen ist, hat für sich neue Prioritäten in der Arbeitswelt gesetzt: Erfüllung und Selbstverwirklichung», jubilierte zum Beispiel Sven Astheimer in der FAZ-Beilage «Beruf und Chance» vom 21. Dezember 2013. Meine Studenten könnten demnach das entspannte Gesicht des Kapitalismus sein, keine Systemdiskussion verzerrt ihre Züge. Wenn sie arbeiten, tun sie etwas für sich.

Die Gemeinten wissen allerdings nicht unbedingt etwas von ihrem Glück. In einer Replik auf meinen Text in der ZEIT schrieben die Bonner Politikstudentinnen Nathalie Schmitt und Dagny Schwarz: «Auch wir interessieren uns dafür, wie man Politik verstehen und gerechter machen kann. Doch wo soll unsere Kritik ansetzen, wenn wir gar nicht über die entscheidenden Themen sprechen? Wenn wir gar nicht nach unserer Meinung zum Klimawandel und den weltweiten Chancen der Demokratie gefragt werden, sondern danach, wie die Bundeskanzler hießen? Wir sind nicht unpolitisch, wir sind frustriert von der angeblichen Alternativlosigkeit, die auf Aussichtslosigkeit hinausläuft.»

Irgendwo zwischen Sozialstaats- und Schulreformen, zwischen Globalisierung und Liberalisierung sei der Eindruck entstanden, dass «Veränderungen heute fast unerreichbar geworden sind».

«In welcher Welt wollen wir leben?», fragen die beiden Fachschaftsvertreterinnen am Schluss ihres Artikels sich selbst und die Leser. Politikwissenschaft als Lebenswissenschaft.

Kollegen von anderen Universitäten sprachen mich auf die Kontroverse an. Warum, so fragten sie, haben wir von diesem Unbehagen unserer Studenten so wenig mitbekommen? Warum bleiben die jungen Leute so still, wenn sie eigentlich vieles schon lange ankotzt? Verwechseln sie womöglich volle Credit-Point-Konten mit einem erfüllten Leben?

Der Journalist Oliver Jeges erfand eine andere Bezeichnung

für seine Altersgenossen: Generation Maybe. Der Name ist abgeleitet aus einer Zigarettenwerbung. «Don't be a maybe» heißt es da. Frei übersetzt bedeutet das: Sei kein Weichei, sei kein Entscheidungsvermeider, mach dir nicht immer so viele Gedanken darüber, ob ein Lungenzug deinen Body und deine Performance ruiniert. Im Anti-Maybe-Kerl ersteht der Marlboro-Mann wieder auf, bloß ohne Cowboyhut, eher mit Bachelor-Kappe.

Jeges beschreibt die Maybes um ihn herum als widersprüchliche Wesen. Sie wollten den perfekten Körper und trotzdem Genussmensch bleiben, eine eigene Familie, aber auch die Freiheit des Single-Daseins, sie lebten ökologisch bewusst, würden aber zu einem fetten SUV nicht nein sagen. Sie träumten von einem sicheren Job, aber ohne 40-Stunden-Woche. Eine große Angst vor falschen Entscheidungen macht Jeges bei den Maybes aus und «selbstverschuldete Unmündigkeit».

Ob jeder meiner Seminarteilnehmer ohne die Hilfe eines Smartphones weiß, welcher deutsche Großphilosoph das Urheberrecht auf die «selbstverschuldete Unmündigkeit» hat? Wahrscheinlich erschließt sich der Sinn der Formulierung auch, ohne Immanuel Kant zu kennen. Jeges' Artikel in der «Welt» vom 23. März 2012 las ich mit einer gewissen Erleichterung. Da machte ein junger Journalist ähnliche Beobachtungen wie ich. Ein 29-Jähriger ist sicherlich kein Waldorf aus der Kulturpessimistenloge und auch kein Studentenrevolten-Nostalgiker.

Die Studienanfänger haben, trotz ihres jugendlichen Alters, in ihrem Leben schon viele Entscheidungen hinter sich. Deutsch- oder Spanisch-Leistungskurs, Fußballtraining oder Tai Chi, Schlagzeug oder Oboe? Sie haben gelernt, dass Schuhe und Handys nicht bloß Schuhe und Handys sind, sondern ein Statement. Viele mussten sich schon als Kind oder Jugendlicher darüber klar werden, ob sie das Wochenende beim Vater oder bei der Mutter verbringen. Vom Mobilfunktarif bis zur Familienform haben sie alles als wandelbar und aushandelbar erfahren. Entscheidungen ohne Ausstiegsoption erleben sie kaum noch. Von «biographischem Selbstmanagement» spricht der Jugendforscher Klaus Hurrelmann.

Mit dem Gefühl, viele Bälle in der Luft halten zu müssen, sind die meisten Studenten groß geworden. Anders als die Babyboomer mussten sie nie um Beachtung kämpfen. Fiel ihnen ein Ball zu Boden, wurde das von den Umstehenden sorgenvoll analysiert und therapiert. Ihre Schullaufbahn passierte nicht einfach so, schon die Wahl der Schule glich dem Bewerbungsverfahren für einen Job im High-Potential-Bereich. Sie seien wenige, würden gebraucht, hören sie immer wieder. Die Demographie sei ihre Chance, wenn sie alles richtig machten. «Bildungspanik» nennt der Soziologe Heinz Bude diesen gesellschaftlichen Klimawandel.

Das Wort «Optionalmodul» trifft den Gemütszustand derer, die daran teilnehmen, ganz gut. Hier sitze ich, aber ich könnte auch anders. Sitze ich hier richtig?

Freiheit macht Stress. Diese Erkenntnis kommt in keinem Regierungslehre-Seminar vor. Den Nachgeborenen macht die Immer-Freiheit immer häufiger Angst. In einer Studie der Konrad-Adenauer-Stiftung zur politischen Einstellung junger Erwachsener in Deutschland («Wo bitte geht's zum Generationenkonflikt?», 2013) assoziieren 97 Prozent der Befragten mit Freiheit «eher etwas Gutes», Ordnung erreicht bei den 16- bis 29-Jährigen vier Prozentpunkte weniger. Zugleich kommt die Studie zu dem überraschenden Befund, dass mehr als die Hälfte der jungen Leute das Gefühl hat, mit der heutigen Schnelllebigkeit nicht Schritt halten zu können.

Die Politikwissenschaftlerin Silke Mülherr wirbt in einer Replik auf Jeges' Artikel um Verständnis für die Unentschiedenen, wenn sie zur Generation Maybe schreibt: «Der Hochschulkompass der Rektorenkonferenz weist allein 16 120 Studiengänge in Deutschland aus. Wo ich noch schlicht Politikwissenschaft auf Magister studierte, müssen sich die Masterstudenten heute zwischen hochspezialisierten Studiengängen wie Friedens- und Konfliktforschung oder Public Policy and Management entscheiden.» Kaum sei die eine Hürde genommen, lauere schon die nächste Weggabelung: Auslandssemester in Europa oder gleich nach China? Die vielen Möglichkeiten locken nicht, sie «lauern» wie ein Dieb hinter dem Busch. Achtung, Wahlfreiheit!

Manche debattengestählten Ratgeber legen den Unentschlossenen einen biologischen Schnellreifeprozess nahe: Wie wäre es, wenn der akademische Nachwuchs sich schon während des Studiums für eigenen Nachwuchs entscheiden könnte? Solche Ideen ventilierte Claudia Voigt 2012 im «Spiegel». Selbstverwirklichung werde in jungen Jahren ohnehin überschätzt, schreibt sie, und berge die Gefahr, sich endlos hinzuziehen. Wenn die Jules, Lisas und Claras, die gerade erst mit ihrem Studium begonnen haben, zwischen ein paar Modulen auch noch ein paar Kinder unterbringen, dann haben sie mit 40 wieder Zeit und Kraft für die Karriere.

Das klingt so, als lasse sich mit einem Geburtsvorbereitungskurs gleich das Erwachsenwerden lernen, als mache der Dienst an der Wickelfront aus Maybes ganze Kerle, so wie einst das Militär. Doch noch gibt es keine wissenschaftliche Studie, die belegt, dass eigene Kinder vor Dauer-Infantilität schützen. Solche Vorschläge mögen wahlweise ein Beitrag zur Demographie- oder zur Feminismusdebatte sein, das diffuse Uni-Unbehagen stellen sie nicht ab. Dass Babys leisten sollen, was Schulen und Hochschulen nicht schaffen, zeugt von einer gewissen Verzweiflung in die Bildungsrepublik Deutschland.

Mein Seminar war nach dem ZEIT-Artikel voller denn je, die Debatten wurden lebhafter, die Referatsthemen origineller. Die Fachschaft lud zu einem Diskussionsabend, die Studenten erzählten, wie sie sich ihr Politikstudium vorstellten: weniger Kanzler, mehr Klimawandel, weniger Regierungslehre, mehr Nicht-Regierungs-Organisationen, weniger Wissensinseln, mehr Ozean.

In der Zeitschrift der Fachschaft schlug ein Student vor, in Seminaren die Axt auszupacken, so wie in einer WDR-Talkshow vom 3. Dezember 1971. Damals zerschlug der Manager der Band «Ton, Steine, Scherben» aus Protest gegen den Kommerz einen Tisch. Mit der Axt in der Jacke könne man wohl einer Debattenromantikerin wie mir Genüge tun. Der Text war mit Verve geschrieben, versucht hat den Gewaltakt trotzdem niemand.

Auch ohne Schlag ist die Schlacht entschieden. Oder besser: unentschieden, maybe. Die Studenten fühlen sich seit dem Selbstverteidigungs-Shitstorm im Optionalmodul nicht mehr so allein mit ihrem Verlorenheitsgefühl. Sie haben ihren Frust im Internet-Forum rausgeschwitzt und sich danach wieder an den Schreibtisch gesetzt für die nächste Prüfung. Ihr Weltschmerz legt sich so rasch wie eine harmlose Infektionskrankheit. Die Frage bleibt, in welcher Welt sie leben wollen.

Gestatten, Alma Mater: Animateurin und Mutter

Einen Namen machen sich Professoren der Politikwissenschaft heute weniger durch bahnbrechende Bücher als durch ihre Fernsehauftritte. Das 90-Sekunden-Statement im Einspieler einer Talkshow zum Koalitionsvertrag bringt mehr Ruhm ein als Standardwerk zum Regierungssystem der Bundesrepublik. «Sie plädieren doch fürs Diskutieren und Denken. Warum melden sich Politikwissenschaftler nur zu Wort, wenn es um Affären, Skandale und die schnelle Kommentierung von Wahlergebnissen geht?», fragte mich ein Student in einer Mail. Weil auch Geisteswissenschaftler erkannt haben, dass sich von den Skandalen der anderen besser leben lässt als von der eigenen Originalität.

Zu meiner Studienzeit galt verständliches Formulieren noch als unanständig, mittlerweile gewichten Hochschullehrer ihre Artikel und Interviews in Massenmedien höher als ihre Beiträge in Fachzeitschriften. Die Mediokratie, wie Thomas Meyer die «Kolonisierung» der «res publica» durch die Medien nennt, hat nicht nur die praktische Politik erreicht, sondern auch die Wissenschaft. Wer an der Uni lehrt, hat einsehen müssen, dass eine hermetische Sprache noch kein Indiz für exzellente geistige Arbeit ist. Wenn der Hörsaal zum Showroom wird, reden Professoren verständlicher, sie wählen weniger abseitige Themen und bemühen sich um ihr Publikum. Diesen positiven Show-Effekt möchte ich nicht missen.

«Ich bin doch keine Animateurin», empörte sich in einem Selbsterfahrungsbericht für das Magazin der «Süddeutschen Zeitung» eine junge Dozentin. Ehrlich gesagt: Ich bin oft genug genau das. Ich präsentiere animierte Filmchen zu medienethischen Fragen und bereite jedes Semester wieder eine Slide-Show zum Thema Agenda-Setting vor. Erst bitte ich die Studenten, aus einem Interview oder einer Umfrage eine Meldung zu formulieren, dann vergleichen wir die Ergebnisse mit der professionellen Meldung. Schließlich schauen wir uns an, ob und mit welchen inhaltlichen Verschiebungen Agenturen und andere Medien die Meldung übernommen haben. Dieser Teil des Seminars kommt in der Feedback-Runde immer am besten weg, deutlich besser als

Gate-Keeper-Theorien und langfristige Themenkarrierebeobachtungen.

Eine Doppelstunde muss geplant werden wie eine 90-minütige Show. Viele der heute 20-Jährigen haben als Kinder der Neunziger ein ausgefeiltes Langeweilevermeidungsprogramm von Ausdruckstanz- bis Zauberunterricht durchlaufen. Sie verweilen höchstens zwei Minuten auf einer Internetseite, meistens klicken sie deutlich früher weiter. Ein Moment nachdenklicher Stille im Seminarraum wirkt auf sie wie eine Ton- und Bildstörung. «Dozent ist schlecht vorbereitet» steht dann in den Evaluationsbögen. Das ist die Kehrseite des Show-Effekts.

Doch Lehrende sind nicht nur Alleinunterhalter geworden, sie sind auch Ersatz-Erzieher. Pünktlich erscheinen, nicht unentschuldigt fehlen, Thesenpapiere einen Tag vorher dem Seminarleiter zusenden, Hausarbeiten zum vereinbarten Zeitpunkt abgeben – diese Sekundärtugenden des Selbstmanagements gehen messbar verloren, kaum dass sie mit der Allgemeinen Hochschulreife bescheinigt sein sollten. Anders als früher werden Verspätungen aber nicht mit einer provokanten Du-kannst-mich-mal-du-Spießer-Attitüde politisch aufgeladen, sondern per Mail nachbearbeitet, inklusive Hofknicks «Das wird nie wieder vorkommen», steht dann in der elektronischen Post. Alle Anpassung ist schwer. Aber die Karriere der Wortkombination «Auf die Reihe kriegen» zeigt: Anpassung bis zur Pflegeleichtigkeit ist als Lernziel anerkannt.

An sich Selbstverständliches muss verständlich gemacht, also eingefordert werden. Wenn ich nicht ausdrücklich in drei Rundmails mit Öffnungsbestätigung festhalte, dass Anwesenheit für die Anrechnung von Credit Points notwendig ist, gilt sogar Präsenz als optional. Nicht einmal vor der Frage «Müssen wir bei Referaten da sein oder reicht das Skript?» schrecken einige zurück.

Die zeitweise ausgemusterte Anwesenheitsliste kursiert deshalb wieder. Sie ist klarer als jede Ansage.

Da die meisten Teilnehmer eines Journalismus-Moduls nicht regelmäßig medienkritische Debatten verfolgen, schicke ich ihnen Aufsätze als PDF oder Links zu passenden Artikeln im Internet. Wenn ich nicht «Bitte für unser nächstes Seminar lesen!» dazuschreibe, geht die Vorbereitung schief. Dann speichern zwar alle die Mail ab, aber nur höchstens drei von fünfzehn dringen tatsächlich bis zu den Artikeln vor. Einer von ihnen ist bereit, die Hauptthesen zusammenzufassen.

Einmal nahm sich ein anderer nach ein paar Sekunden betretener Stille ein Herz und sagte: «Ich konnte den Link, den Sie uns geschickt haben, überhaupt nicht öffnen.» Warum er mir das erst jetzt mitteilte und nicht zwei Tage vorher, als er die Mail geöffnet hatte? «Ich wusste nicht, dass man Sie dann benachrichtigen muss.»

Mit der Leselust ist es genauso wie mit der Eigen-Motivation und der Frustrationstoleranz: Die Uni hat einfach erwartet, dass Studenten diese Antriebskraft im ersten Semester mitbringen. Auch in dieser Hinsicht müssen bisher stillschweigend vorausgesetzte Fertigkeiten mittlerweile extra trainiert werden. Für die einen gibt es Lektüreseminare, für die anderen Motivationsangebote. Als die Frankfurter Universität im vergangenen Jahr ein «Akademisches Schlüsselkompetenztraining» anbot, drängten sich nach FAZ-Angaben 500 Studenten im Hörsaal, deutlich mehr als erwartet. In sechs Stunden lernten die Teilnehmer, dass akademischer Erfolg auf einem schlichten Dreiklang beruht: «Anfangen, dranbleiben, abschließen». Vor allem das Dranbleiben macht Probleme.

Die größte Motivation ist immer noch die Liebe zum Fach, an dieser altmodischen Erkenntnis konnte die neueste Motivationsforschung nicht rütteln. Es gab auch in den 1980ern ein akademisches Achtel, das sich aus Verlegenheit oder wegen des kostenlosen Semestertickets an der Uni einschrieb. Selbst die Uni-Ikone Theodor W. Adorno dürfte in einige desinteressierte Gesichter geblickt haben. Allerdings steigt sowohl mit der Zahl der Studierwilligen als auch mit der Zahl der Studiengänge die Wahrscheinlichkeit, dass mehr als früher darunter sind, die sich verwählt haben. Holger Horz, Professor für Pädagogische Psychologie, sagte im Gespräch mit der FAZ-Beilage «Beruf und Chance»: «Früher kamen vorwiegend gute, hochmotivierte Abiturienten an die Hochschule. Heute, in Zeichen wachsender Studierneigung, versuchen auch Schüler mit schwächer ausgeprägten Kenntnissen und Fähigkeiten ihr Glück.» Dadurch entstehe ein «missmatch» zwischen dem pädagogisch nicht geschulten Lehrpersonal und den Erwartungen dieser Studenten.

Schon Boris Becker wusste: Tennisspiele werden nicht allein mit Vorhand und Beinarbeit entschieden, sondern im Kopf. Meine Generation lernte von dem Wimbledon-Philosophen das Wort «mental». Jede zweitklassige Fußballmannschaft hat mittlerweile ihren Mentalcoach. Warum nicht auch jede Uni, und zwar nicht nur für Studenten, sondern vor allem für Professoren und Dozenten? Wenn ich schon Animateur, Erzieher und Motivationstrainer sein soll, will ich das ebenso professionell gelernt haben wie die Luhmann'schen Nachrichtenkriterien.

Die heute 20-Jährigen sind mit Debatten über Lernbedingungen groß geworden. Mein Sohn, gerade neun, hat an seiner Grundschule ein Zimmer mit Wasserbett und farbigen Lichtern. «Snoezeln» heißt das Konzept, die Kinder entspannen in diesem Ambiente also pädagogisch wertvoll. Ausprobiert wurde es in der Behindertenarbeit, nun wird die Methode auf einen größeren Personenkreis übertragen. Die Kinder, vor allem die Jungs, sollen beim Snoezeln runterkommen vom Stress eines Dritt-klässleralltags zwischen Gymnasialempfehlungsrattenrennen und Notenvermeidungspädagogik.

Sollte der Junge in neun Jahren ein Studium beginnen, werden Hochschulen mit Wasserbetten und Meditationsräumen anstatt mit Bibliotheksöffnungszeiten um seine Gunst wetteifern. Welche Universität traut sich schon, selbstbewusst damit zu werben, dass in ihren Räumen vor allem gelesen, experimentiert und argumentiert werden muss?

Je kürzer die Studienzeit wird, desto mehr allgemeine Lebenshilfe werden die Universitäten leisten müssen. Orientierungs-, Motivations- und Lernorganisationskurse sind erst der Anfang. Angebote zur guten Lebensführung, oder, Bologna-gerechter ausgedrückt, Lifemanagement-Angebote werden folgen.

Den angehenden Bachelor allerdings empört der Wust an Vorgaben und Unterstützungsangeboten gar nicht. Er ist entrüstet über die eine fehlende Anweisung. Damit ist er in bester Gesellschaft: Die Ratgeberregale sind voll mit Anleitungen zum Erziehen, Ernähren, Lieben, Arbeiten, Pausieren, Vererben. Zwischen pränataler und postmortaler Phase kann der Mensch vieles falsch machen. Mehr als Adorno oder Max Weber prägt diese Gedankenwelt die heute 20-Jährigen. Sie wollen alles richtig machen, noch richtiger als ihre ratgeberlesenden Eltern. Detaillierte Angaben geben den Studenten das gute Gefühl, aus der Fülle der Möglichkeiten das Richtige oder wenigstens das Erwünschte zu tun.

Verfechter des Humboldt'schen Bildungsideals mögen in seitenfüllenden Zeitungsartikeln das Verschulte des Bachelorstudiums beklagen – viele Studenten schätzen genau das: Vorgefertigte Stundenpläne und detaillierte Arbeitsanweisungen mindern aus ihrer Sicht das Risiko, Fehler zu machen. Exakte Angaben –

bis hin zur Zeichenzahl von Klausuren – mögen Studenten früherer Jahrzehnte als Gängelung empfunden haben, viele der heutigen fühlen sich um eine ihnen zustehende Lehr-Leistung betrogen, wenn die Uni sie nicht umsorgt. Was nach Freiheitsberaubung aussehen könnte, macht Freiheit erst erträglich. Ohne Vorschriften wäre die Entscheidungsfreiheit im übrigen Leben kaum auszuhalten.

Geisteswissenschaften gelten noch als einigermaßen frei, die engmaschige Betreuung hat aber auch sie erreicht. Als Hochschulpolitiker, wie 2007 geschehen, ein «Jahr der Geisteswissenschaften» auslobten und sogar der «Spiegel» in einer Serie aufregende Denker an deutschen Hochschulen entdeckt hat, dürfte sich mancher Lehrbeauftragte an der geisteswissenschaftlichen Basis ziemlich blöd gefühlt haben. Bevor bundesweit beachtete intellektuelle Gipfel überhaupt in Sichtweite kommen können, müssen wir Dozenten erst einmal umfangreiche Umsorgungspakete schnüren. Bis wir uns mit den Studenten Gedanken zur Zukunft der Demokratie oder zu verschiedenen Skandaltheorien machen können, hat das Organisatorische einen großen Teil unserer Lehrkraft absorbiert. Lehrer berichten dasselbe. Wenn wir in der letzten Stunde vor den Semesterferien über die geplanten Hausarbeiten sprechen, stellt niemand eine Frage zum Inhalt, zu möglichen Gliederungsvarianten oder zur Literaturrecherche. Stattdessen: «Wann müssen wir abgeben? Wie lange brauchen Sie für die Bewertung? Wie groß muss der Zeilenabstand sein? Wenn es zehn Seiten sein sollen, darf ich da Titelseite und Inhaltsverzeichnis mitzählen?»

Natürlich sind nicht alle Studenten unselbständige Vorschriftenjunkies. Aber der Anteil ist so groß geworden, dass die Universitäten darauf reagieren mussten. Hochschulen sind seit Jahrzehnten geübt in Strukturdebatten, mühsam haben sie sich in den neunziger Jahren daran gewöhnt, unternehmensähnlich zu denken. Sie haben gelernt, die Bedürfnisse des Arbeitsmarktes zu berücksichtigen. In Mentalitätsdebatten sind sie dagegen unerfahren.

Auf den Lebensstil-Wandel der Studenten waren wir schlecht vorbereitet. Wir Lehrenden sahen die Wasserflaschen, die Notebooks, die subtilen Codes der Markenvermeidungsmarken. Wir blickten in die Gesichter von künftigen Geisteswissenschaftlern, die Erfolg und Effizienz nicht mehr ideologisch bekämpften. Die Hochschulen gaben ihnen die Möglichkeit, effizient zu studieren. Doch wir haben das abgeklärte Auftreten unseres Gegenübers mit Erwachsensein verwechselt. Bewundernd haben wir zugehört, wenn sie vom Schüleraustausch in Shanghai erzählten. Neidisch sind wir darauf, wie versiert sie sich im World Wide Web bewegen. Die kennen die Welt, analog und digital!

Wir Dozenten haben uns selbst überschätzt: Wir hatten geglaubt, mit unseren Themen mithalten zu können, wir hatten auf so etwas wie Liebe zum Fach gehofft. Das war eine vermessene Erwartung, ein Relikt jener Zeit, als Geisteswissenschaften noch Leitwissenschaften waren und Studenten die Uni wegen eines bestimmten Professors oder einer bestimmten Denkschule aussuchten. Heute punkten wir nicht mehr mit der Dialektik der Aufklärung, sondern kämpfen mit der Dialektik der Abklärung. Jedes formale Detail wird per Mail und Einzelgespräch abgeklärt. Was unsere Kunden aber vom großen Ganzen denken, gibt uns Rätsel auf.

Tatsächlich sind unsere Module Konsumgüter, die an- und weggeklickt werden wie eine Kaufempfehlung bei Amazon: «Kunden, die Vergleichende Regierungslehre gewählt haben, interessieren sich auch für Medienethik». Immerhin: Wer es als

Lehrender in die Medien schafft, wird als Markenartikel wahrgenommen.

Es gibt in jedem Semester einige Studenten, die sich mit Hingabe einem Thema widmen, sei es der «Spiegel»-Affäre oder dem Bild Moldawiens in den deutschen Medien. Es erfordert mittlerweile Mut, solche abseitigen Themen überhaupt in der großen Runde vorzuschlagen. Es gehört inzwischen weniger Courage dazu, laut zu fragen: Wo liegt Moldawien überhaupt?

Das Gros der Studenten arbeitet Referate und Hausarbeiten ab wie einen Bestellauftrag des Dozenten. Verve gilt als Relikt unbelehrbarer Revolte-Romantiker. Doch wissenschaftliche Leidenschaft meint nichts anderes als das Ringen um einen eigenen Standpunkt, eine Überzeugung. Das Ziel ist Individualität und nicht Ich-Hätschelei.

Als Passionsersatz muss die Uni andere emotionale Qualitäten bieten: Vor allem mütterlich soll die Alma Mater sein. 23 Prozent der Studierenden wohnen laut Sozialerhebung des Deutschen Studentenwerks noch bei ihren Eltern, und nicht nur sie wissen ein Komfortpaket zu schätzen, am besten mit fertigem Stundenplan und reichlich Orientierungsveranstaltungen. Sich selbst zurechtzufinden, ein paar Umwege zu riskieren, tatsächlich einmal ein nicht digitalisiertes Buch über die Fernleihe zu bestellen – wer das als Dozent verlangt, macht sich der Gefühllosigkeit verdächtig. Die Welt da draußen ist schon hart genug, da möchte man sich zumindest an der Uni gerne in ein watteweiches Nest kuscheln können.

Studierende sind tatsächlich umstellt von hohen Erwartungen; die wenigsten davon werden allerdings innerhalb der Seminarräume formuliert. Zum einen erwartet «die» Wirtschaft viel. Arbeitgeberverbände und wirtschaftsnahe Institute machen recht ungeniert publik, welche Fächer, Studienordnungen und

Akademiker sie sich wünschen. Der Bologna-Prozess war auch ein Ergebnis erfolgreicher Lobbyarbeit aus dieser Richtung. «Wir an der Hochschule sind große Ermöglicher, wir erzeugen Absolventen, so viele wie der Markt will, und mit Profilen, die Unternehmen an uns herantragen», bekundet ein Manager aus dem akademischen Mittelbau.

Der Druck kommt nicht nur vom Arbeitsmarkt, er entsteht auch in den Familien der Studenten: Das Gros der Eltern hat Großes vor mit den Töchtern und Söhnen. «Wir nehmen keine Kinder auf, sondern Familien», sagte der Rektor der Schule meiner Tochter. Da durften mein Mann und ich uns gleich mit geschmeichelt fühlen, als der Brief mit der Aufnahmebestätigung kam. Viele Eltern machen mit ihren Kindern noch einmal Abitur.

Universitäten bieten mittlerweile Info-Veranstaltungen für Mütter und Väter von Erstsemestern an, oft fragen die Eltern eifriger nach als die potenziellen Studenten. Ich erwarte derzeit täglich, erleben zu dürfen, wovon eine Professorin mir erzählte: dass der Vater mit zur Besprechung einer Hausarbeit erscheint und eine bessere Note einklagt.

Der akademische Titel ist für bildungsnahe Eltern die Krönung jahrzehntelanger Förderbemühungen. Die Nachkriegsgeneration wuchs mit dem Wunsch auf «Du sollst es einmal besser haben als wir». Heutige Schüler und Studenten werden eher darauf trainiert, besser zu sein als die anderen. Viele Studenten-Eltern sind selbst Hochschulabsolventen, jetzt bekommen sie zum Diplom oder Magister noch einen Bologna-Abschluss dazu. «Wir haben eine Eins in Deutsch», freuten sie sich auf dem Gymnasium. Nun steht ihnen bei Abschlussfeiern ein «Wir sind Master in Germanistik» ins Gesicht geschrieben.

«Mein Sohn studiert» – das ist nicht mehr ein Synonym für «Der macht sich ein laues Leben in der Kneipe», sondern «Der

Junge macht uns viel Freude, der lernt so fleißig». Den so Belobigten ist der Stolz der Eltern nicht peinlich, die wenigsten klagen darüber, dass sie die Ansprüche von Hause als unerträglichen Druck empfinden, jedenfalls ist kein Gegendruck, keine Auflehnung spürbar. Es ist eher ein Gegengeschäft: Die Kinder bringen Leistung, dafür dürfen sie auch Geld und vor allem Verständnis von zu Hause erwarten.

Die Wahl des Studienfachs bestimmt das Leben für einige Jahre, das war nie anders. Neu ist aber, dass das Studium nicht als eigene Lebensphase genossen, sondern als Zwischenstadium in Kauf genommen wird. Es wird von seinem Ende her gedacht. Gerade weil alle Noten im Abschluss sichtbar sind, muss schon der Anfang optimal verlaufen. Notfalls auch mit professioneller Hilfe. Einige Schulen und Hochschulen haben das mütterliche An-die-Hand-Nehmen zum Marktvorteil ausgebaut: Das Leibniz Kolleg in Tübingen zum Beispiel gibt sich nicht mit einzelnen Orientierungsveranstaltungen zufrieden, sondern bietet gleich ein gesamtes fächerübergreifendes Jahr an. Die Jacobs University in Bremen und das Salem Kolleg in Überlingen haben ähnliche kostenpflichtige Übergangshilfen zwischen Schule und Uni im Programm. 300 Bewerber drängten im vergangenen Jahr auf die 53 Plätze in Tübingen. «Das Abitur gibt längst nicht mehr Auskunft darüber, ob jemand reif zum Studieren ist», sagt der Hochschulberater Christian Berthold dem Karriere-Extra der ZEIT.

«Ihr seht nur eure Lehrpläne, aber nicht die Welt», hielten mir die Bonner Fachschaftsvertreterinnen entgegen. Aus der Studentenperspektive mag das so aussehen. Vom Dozentenstuhl aus betrachtet ist es im ersten Viertel einer Veranstaltung kaum möglich, zum Lehrplan vorzudringen, weil einige Teilnehmer noch orientierungslos im Gebäude umherirren oder sie den

Regionalexpress aus dem Vorgebirge verpasst haben. Demnächst werden innovative Lehrbeauftragte dazu übergehen, auch die E-Mail-Adressen der Eltern zu erfassen. Dann schreiben wir nicht mehr «Liebe Studenten, 8 Uhr c.t. bedeutet in Worten acht Uhr fünfzehn. Wer zweimal zu spät kommt, bekommt keine Seminarleistung angerechnet.» Wir werden schreiben: «Liebe Eltern, um den Bachelor zu erreichen, geben Sie bitte Ihre Tochter/Ihren Sohn pünktlich um 8.15 Uhr im Institutsgebäude ab. Um 9.45 können die Kinder wieder aus dem Modul-Paradies abgeholt werden.»

Da hat man was Eigenes

Meine Doktorarbeit trägt den Titel: «Philippe Pétain und Pierre Laval. Das Bild zweier Kollaborateure im französischen Gedächtnis». Es ging darin, grob gesagt, um die Frage, wie sich Frankreichs Öffentlichkeit in den Jahren von 1944 bis 1995 mit der Vichy-Vergangenheit auseinandergesetzt hat.

Deutschland wäre nicht ärmer, wenn diese Dissertation nie geschrieben worden wäre. In frankophilen Fachzeitschriften wurde sie anerkennend rezensiert, ansonsten blieb sie unbeachtet.

Warum habe ich sie geschrieben? Um die politische Wissenschaft voranzubringen, um Erkenntnisse zutage zu fördern, auf die andere Forscher aufbauen können? Das versichert jeder Dissertierende treuherzig in Vieraugengesprächen seinem Doktorvater, das beteuerten öffentlich alle akademischen Ehrenretter, die sich in den Plagiatsskandalen der vergangenen Jahre zu Wort meldeten.

Tatsächlich sind unter den Tausenden Doktorarbeiten der letzten Jahrzehnte wohl nur wenige, die rein altruistisch motiviert sind. Die Hauptmotive dürften bei den anderen Teilnehmern des Doktorandenkolloquiums genauso egoistisch gewesen sein wie bei mir: Die beiden Buchstaben mit dem Punkt dahinter verschönern das Messingschild an der Tür, sie schmücken die Visitenkarte und verbessern die Aufstiegschancen. Jedem Doktor in spe dürfte klar sein, dass die Arbeit von mehreren hundert Seiten auf dem Dachboden landet anstatt auf den Bestsellerlisten, aber der Titel treibt an. Viele Plagiatsaffären später erregt der Dr. eher Misstrauen als Neid. Wer heute ein akademisches Statussymbol braucht, bemüht sich besser gleich um einen Professorentitel. Den gibt es auch ohne Dissertation und Habil-Schrift, das senkt das Risiko, ihn wegen schriftlicher Spuren wieder zu verlieren.

Ich war also jung und wollte den Titel. Aber ich wollte auch etwas dafür tun: Durch ein Seminar zur französischen Nachkriegszeit in Paris fand ich ein Thema, das passte. Eines, mit dem ich mir vorstellen konnte, die nächsten Jahre zu verbringen. Als Doktorand möchte man nicht nur dem Doktorvater etwas beweisen, sondern auch sich selbst: Dass es einem zum Beispiel gelingt, unter widrigen Umständen zu recherchieren, dass es gelingt, länger als ein Semester bei der Sache zu bleiben und den Alltag auch ohne tägliche Seminare geregelt zu bekommen. So motiviert, bleibt man halbwegs gelassen, wenn gleichaltrige Kommilitonen schon richtig Geld verdienen und die Tante am 27. Geburtstag wissen will: «Was machst du eigentlich den ganzen Tag?»

Das Projekt Doktortitel lebt von Selbstdisziplin, Selbstverwirklichung und Selbsterkenntnis. Bevor das erste Buch mit meinem Namen auf dem Cover in sehr überschaubarer Auflage erschien, hatte ich einiges über Philippe Pétain und Pierre Laval gelernt, aber noch mehr über mich selbst. Ich weiß seitdem zum Beispiel, dass ich vor lauter Freude am Formulieren fast jeden

Namen falsch schreibe, dass ich dazu neige, für ein Wortspiel manch klaren Gedanken zu opfern und dass ich trotz eigener Kritiklust selbst lieber Lob als Tadel höre. Was nicht davor schützt, im Vorwort der Dissertation das Gegenteil zu versichern.

Es gab Wochen, in denen ich dankbar Aufträge für Artikel über die EU-Fischereipolitik oder rheinische Teckelzuchtvereine angenommen habe, bloß, um dieser verdammten Doktorarbeit ein paar Tage lang zu entgehen. Die Bedeutung des Wortes Prokrastination war mir vertraut, lange bevor Kathrin Passig und Sascha Lobo der Schaffenskrise das wunderbare Buch «Dinge geregelt kriegen – ohne einen Funken Selbstdisziplin» widmeten. Ich lernte Doktoranden zu bewundern, die jahrelang in Archive abtauchten, um sich intensiv mit Kinderkönigen des Mittelalters oder der Lautenmusik im Köln des 13. Jahrhunderts zu befassen. So weit reichte meine Liebe zur Wissenschaft dann doch nicht. Ich brauchte die Oberflächenreize der Aktualität und des Umstrittenen: Bei meinem Thema passierte wenigstens ab und an etwas, mal bekannte ein Staatspräsident die Mitschuld Frankreichs an der Shoah, mal wurde einem Kollaborateur der Prozess gemacht, mal erschien just während einer Phase quälender Einfallslosigkeit ein kontrovers diskutierter Aufsatz. Solche Ereignisse halfen dabei, die Promotion durchzuhalten.

Ich bin weder klüger noch ehrgeiziger oder disziplinierter als die meisten meiner Studenten. Meine Altersgruppe war allerdings weniger geübt darin, minütlich die eigene Befindlichkeit zu ergründen. Bin ich noch hundertprozentig motiviert? Fühle ich mich total ausgebrannt nach einer Nacht am Schreibtisch? Finde ich persönliche Erfüllung darin, raus nach Versailles zu fahren, um diesen einen Aufsatz in der unbedeutenden Zeitschrift zu lesen und dafür auch noch das Antragsformular auf Erteilung einer Kopie auszufüllen? Wahrscheinlich hätte ich manchmal mit Nein geantwortet – und trotzdem weitergemacht. Unser Feedback-Hunger hielt sich in Grenzen.

Schon auf dem Weg zum Magisterexamen ließ sich damals immerhin lernen, dass Anfechtungen und Selbstzweifel ebenso zum (Politik-)Studium gehörten wie das Grundgesetz zur deutschen Demokratie. Der Streit und die Diskussionen in den Seminaren führten im Idealfall dazu, die eigene Position an den Gegenargumenten zu schärfen. Manchmal fühlte man sich jedoch auch bloß klein und unwissend, wenn im ersten Grundseminar theoriegestählte Langzeitstudenten methodische Mängel auflisteten. Aber es schulte die Frustrationstoleranz.

Heute hingegen sind Selbstzweifel und Schreibblockaden keine normalen Begleiterscheinungen des Uni-Alltags, sondern therapiebedürftige Abweichungen von der Norm. Das Studium ist kurzatmig geworden, der Bachelor umfasst viele Prüfungen und viele Referate. Er verleitet zum bulimischen Lernen: Der Stoff wird schnell verschlungen, kaum verdaut und bei der Prüfung schwallartig von sich gegeben. Vom Gelernten bleibt wenig hängen, zu wenig auf jeden Fall, um Zusammenhänge zu erkennen.

Es gibt reichlich Möglichkeiten, zu versagen, aber es lockt auch die Chance auf schnellen Erfolg. Formate, die einen längeren Atem brauchen, sind unbeliebt. Wenn Studenten die Wahl haben zwischen einem Optionalmodul, das einen fünfseitigen Essay zur Bedingungen macht, und einem, bei dem eine zehnseitige Hausarbeit erwartet wird, wählen sie aus nachvollziehbaren Gründen das Kleinformat. Oder sie schreiben eine Hausarbeit, die in der Argumentationstiefe kaum von einer 90-Minuten-Klausur zu unterscheiden ist.

Politiker, Wirtschaftsvertreter und Journalisten haben jahrelang ein Ende der angeblichen Bummelei gefordert. 2008 meldete das Leitmedium «Spiegel» Vollzug: «Die Wirtschaft freut sich über die neuen Turbo-Absolventen», tönte eine Überschrift. Man könnte auch sagen: Die Wirtschaft freut sich über pflegeleichte, flexible und austauschbare Humanressourcen. Laut statistischem Bundesamt kann allerdings von Turbo für alle keine Rede sein. Im Prüfungsjahr 2010 beendeten 309 200 Studierende ein Erst-, Zweit- oder Masterstudium. 39 Prozent schafften den Abschluss innerhalb der Regelstudienzeit. Am langsamsten waren die Studenten in den auslaufenden traditionellen Studiengängen, bei den Bachelors blieben immerhin 60 Prozent innerhalb des vorgesehenen Zeitplans, beim Master war es knapp jeder Zweite. Das Studium vergeht nicht sehr viel schneller als vor 20 Jahren, es fühlt sich aber deutlich beschleunigter an, erst recht nach einem G-8-Abi.

Die Studenten erwerben einen Abschluss, von dem andere gesagt haben, dass sie damit Chancen haben würden. Auch der individuellste Studienfachname schützt das Ich nicht davor, fremdbestimmt zu sein. Zu einem gut begründeten eigenen Urteil zu finden, ist als Lernziel eher lästig, weil zeitraubend. Es fehlt die Muße, aber auch die Lust sich an der Universität etwas im tieferen Sinne des Wortes anzueignen. «Mit einem Bachelor in Angewandten Kognitions- und Medienwissenschaften, da hat man was Eigenes» – Wer würde diesen Loriot-Kalauer schon aus vollem Herzen nachsprechen?

Bildung für die Besten:
Also für mich

Ein kleiner, trendsetzender Teil der Studenten leidet eher an Übermotivation als an Antriebsschwäche. Diese Jungakademiker sammeln Bachelor- und Masterzeugnisse wie andere Payback-

Punkte. «Kompetenzhamstern» nennt das Marktforschungs-institut Rheingold das Verhalten extrem leistungsbereiter Stu-denten. Was sie antreibt, ist weniger die Lust an den ausgewähl-ten Fächern oder der Ehrgeiz, ein Überflieger zu sein. Sie hoffen «viel hilft viel».

Die wenigsten Seminarteilnehmer offenbaren in der Schluss-diskussion jedes Semesters hochfliegende Karrierepläne. Wer sich überhaupt im Kreis der anderen dazu äußert, will «es» nur irgendwie schaffen, mithalten und nicht abstürzen. «Es» meint meistens: Dazugehören zur Leistungsgesellschaft, trotz eines geisteswissenschaftlichen Studiums. Daran ist nichts Verwerf-liches. Sogar die angeblichen Null-Bock-Jungs der Achtziger wurden irgendwann zu leitenden Angestellten oder Steuerbera-tern, wenn auch mitunter aus Versehen.

Der Glaube, dass Leistung sich lohnt, geht einher mit einem merkwürdigen sozialen Fatalismus. Mantramäßig haben Bil-dungsforscher erklärt, dass in Deutschland die Herkunft über die Zukunft entscheidet. Die Studenten kleben, vordergründig betrachtet, weniger am Besitz als ihre Eltern. Sie teilen Fahrräder, Autos und Computerspiele, und wenn sie ein Wochenende in Barcelona verbringen, wohnen sie bei Leuten, die übers Inter-net ihre Schlafcouch anbieten. Die Soziale Frage aber wirkt auf die meisten von ihnen nur wie ein akademisches Konstrukt ver-gangener Tage. Social Media, Urban Gardening und Containern reichen als Ausweis sozialer Sensibilität. Occupy war eine zeit-lang cool, aber es ist leichter, gegen die anonyme Finanzindustrie zu sein als für Mandy aus der Hartz-IV-Familie in Bonn-Drans-dorf.

Laut dem 20. Sozialbericht des Deutschen Studentenwerks hatte im Sommersemester 2012 jeder zweite Studierende Eltern mit Hochschul- oder Fachhochschulabschluss. Bei 22 Prozent haben Vater und Mutter einen Universitätsabschluss, bei 28 Prozent ein Elternteil. Die Forscher bezeichnen für diese Gruppen die Bildungsherkunft als «hoch» beziehungsweise «gehoben». 41 Prozent der Studenten werden der Herkunftsgruppe «mittel» zugeordnet, das heißt, die Eltern haben einen nicht akademischen Berufsabschluss.

Nur neun Prozent kommen aus Familien mit niedrigem formalem Bildungsstand. Ende der achtziger Jahre, als ich mein Studium begann, stammten noch 26 Prozent aus dieser Niedrig-Bildungs-Gruppe und nur fünf Prozentpunkte mehr aus Familien mit mindestens einem Akademiker-Elternteil.

Die Autoren des Sozialberichts haben über die vergangenen drei Jahrzehnte eine «Akademisierung des Bildungshintergrunds der Studierenden» gemessen und führen dies auf eine doppelte gesellschaftliche Entwicklung zurück: «Zum einen bestehen nach wie vor Selektionsprozesse entlang sozialer Merkmale im Bildungsverlauf und damit letztendlich auch beim Zugang zur Hochschule. Zum anderen steigt das Bildungsniveau in der Gesamtbevölkerung, sodass nicht nur der Anteil an Bevölkerungsschichten niedriger Bildung(sabschlüsse) geringer wird, sondern darüber hinaus auch eine Kumulation von Bildung(sabschlüssen) in Familien stattfindet. Letzteres bleibt nicht ohne Einfluss auf die (hohen) Aspirationen der Eltern in Bezug auf den Bildungsweg ihrer Kinder.»

Anders als in der ersten Welle der «Massenuniversität» bedeutet ein Studium nun für viele, mit den Eltern gleichzuziehen. Ein immer noch beachtlicher Anteil der Studenten gehört zu den Aufsteigern. Ihre Eltern dürften allerdings bildungsnah sein, auch wenn sie selbst keinen Hoch- oder Fachhochschulabschluss haben. Nicht einmal jeder Zehnte stammt aus einer Familie, in der Bildung eine fremde Welt ist.

Ist das ein Missstand? Ich glaube, dass die Diskussionsunlust auch etwas mit der sozialen Mischung in den Hörsälen und Übungsräumen zu tun hat. Die Studenten klagen zwar über einzelne Zumutungen der Bachelor-Studienordnung, das System insgesamt stellen sie jedoch nicht in Frage. Hart, aber weitgehend gerecht scheint die Selektion in ihren Augen zu sein. Der steigende Wasserspiegel im fernen Tuvalu liegt ihnen näher als die Einbeziehung der Bildungsfernen im eigenen Land.

Wo ein Aufstiegswille ist, bedarf es selten eines Motivationsseminars. «Ich bin die Erste in meiner Familie, die studiert» – diesen Satz höre ich heute vor allem von Studenten mit nicht deutschen Nachnamen. Bei ihren Kommilitonen aus der, wie sie es selbst nennen, «biodeutschen» Mittel- und Oberschicht kaschiert dagegen der immer wieder bekundete Optimismus notdürftig die Angst vor dem Klassenerhalt. Bildung kann ein verführerisches Terrain sein, erst recht, wenn der Zugang zu diesem Gebiet nicht selbstverständlich ist. Für die meisten aber ist der Abschluss ein Posten auf der To-do-Liste des Lebens. Lästig, aber nützlich. Häkchen dran und weiter. Ein geistiger Aufbruch ist damit nicht verbunden.

Die Digital Natives haben im Internet ihre Toleranz geschult. Gegenüber Kommilitonen, die sie aufhalten könnten, zeigen sie sich jedoch unduldsam. «Wer kein Referat in einwandfreiem Deutsch halten kann, hat an einer Uni nichts zu suchen.» Diesen Satz höre ich häufig, nicht öffentlich im Seminarraum, aber im Gespräch nach dem Modul. Natürlich ist eine Hochschule kein Sprachlabor, mein Lehrauftrag kann neben Animation und Motivation nicht auch noch einen Intensiv-Kurs Deutsch umfassen. Mich befremdet weniger der Vorwurf selbst als der Ton. Er ist verräterisch: In einem durchgetakteten Zeit- und Lebensplan sind spätestens nach dem Verlassen der Grundschule keine

Langsameren, keine anderen, keine Bildungsfernen mehr vorgesehen.

Einzelne Hochschulen kämpfen gegen die Homogenität an. Die Universität Gelsenkirchen zum Beispiel beschäftigt einen Talentscout. Er wirbt im Ruhrgebiet gezielt um begabte Abiturienten, die von ihren Familien nicht zu einem Studium ermutigt werden. Diese Arbeit hilft nicht nur dem einzelnen Jugendlichen, seinen Weg zu finden. Sie verändert auch den Blick aus der Uni auf die Gesellschaft.

Von klassenkämpferischer Sozialromantik bin ich weit entfernt. Nicht jedes Kind eines ungelernten Arbeiters ist an der Uni vom Aufstiegswillen motiviert, und nicht jeder Zahnarztzögling sitzt gelangweilt in der Übung. Die meisten Studenten haben in ihrem bisherigen Leben vor allem um gute Noten gerungen und um eine gute Wahl aus einem Überangebot an Anregungen. Durchboxen mussten sie sich nicht. Dafür können sie nichts. Aber Diskussionen kommen auch deshalb nicht zustande, weil die Perspektive derer fehlt, die um Bildung existenziell kämpfen mussten und deshalb einen anderen Blick als die Konsens-Mehrheit riskieren könnten.

Meistens bin ich die Einzige im Seminarraum, die diese Stimmen der Nicht-Gepamperten vermisst. Als sich im Optionalmodul eine Gruppe von Studenten mit dem medialen Echo auf den Armuts- und Reichtumsbericht befassen wollte, war ihre intuitive Arbeitshypothese: Die Zahlen werden von der Soziallobby in der Bundesrepublik missbraucht, um Deutschland als ungerechtes Land darzustellen; ein echtes Armutsproblem gebe es nicht.

Natürlich muss sozialwissenschaftliches Arbeiten nicht automatisch zu Sozialkritik führen, aber rituelle Anti-Sozialkritik beweist auch kein differenziertes Denken.

Ich ertappe mich dabei, dass ich laut sagen möchte: Sie vergessen, wie gut Sie es haben. Aber das bringt genauso wenig wie die Mahnung der Kriegsgeneration an uns Wohlstandkinder: Lernt erst einmal hungern, dann nehmen wir euch ernst.

Wir Lehrende sollten weit mehr als bisher und unabhängig vom Thema unserer Module nachfragen, wer uns da gegenübersitzt. Welche Rolle spielt Bildung in ihrem Leben? Was ist Bildung für sie überhaupt? Wieso haben sie sich angemeldet? Lehre kann nicht nur aus Animation, Motivation und Orientierung bestehen. Sie braucht auch die Irritation, gerade wenn das Gegenüber ständig seine Gefühle protokolliert und verabsolutiert. Als Lehrende muss ich oft jene Positionen vertreten, die im homogenen Credit-Club meistens fehlen. Lehren heute heißt eben doch nicht nur als akademische Service-Kraft Sammelpunkte zu verteilen. Lehren heißt mehr denn je: provozieren.

Ich denke, also bin ich nichts wert

Aus den meisten Studenten, die ich seit dem Sommersemester 2000 kennengelernt habe, sind Absolventen geworden. Personalverantwortliche wissen über diese Altersgruppe erstaunliche Geschichten zu erzählen. Ausgerechnet diejenigen, die an der Uni nicht durch Debattierlust aufgefallen sind, beginnen in Bewerbungsgesprächen eine Diskussion. Sie wollen über Arbeitszeiten verhandeln, über den Zuschnitt ihres Verantwortungsbereichs, sie lehnen Dienstwagen ab und fragen nach einem E-Bike. Den Testbericht *Pedelec* bringen sie gleich mit. Einfach nur Gehalt, Bürofläche und Visitenkarte – das lockt nicht mehr. Aus angepassten Studenten werden schnell Berufseinsteiger, die sich ihre Arbeitswelt passend machen wollen.

Das gilt zumindest für Branchen, die um Köpfe buhlen müssen. Diese Absolventen verhandeln für sich das Optimum, ganz ohne politischen oder gesellschaftlichen Überbau. Wenn sie erfolgreich waren, gehen sie mit dem guten Gefühl nach Hause, mit ihren individuellen Verhandlungen mehr erreicht zu haben, als es die großen gesellschaftlichen Debatten über die Vereinbarkeit von Familie und Beruf vermochten.

So kann jedoch nur auftreten, wer der sogenannten Wissensgesellschaft begehrtes Wissen verkauft. Absolventen geisteswissenschaftlicher Disziplinen kommen selten in diese luxuriöse Situation. Wenn von Fachkräftemangel die Rede ist, müssen sich Soziologen, Politologen und Germanisten nicht angesprochen fühlen. Wer sich von Zeitvertrag zu Zeitvertrag hangeln muss, bleibt angepasst. Die Universitäten selbst sind dafür gute Beispiele. Junge Wissenschaftler brauchen eine gehörige Portion Idealismus, wenn sie trotz Habilitation in Forschungsprojekten lediglich prekär entlohnt werden. Sie wehren sich nicht, weil sie für ihre Arbeit auf dem freien Markt einen noch geringeren Preis erzielen würden. Auch junge Online-Journalisten protestieren kaum dagegen, dass sie immer noch weniger verdienen als ihre Kollegen von der Print-Redaktion. Es gibt ja Crowdfounding.

Das System der Credit Points und globalisierungstauglichen Abschlüsse hat keineswegs die geistige Arbeit aufgewertet. Heutige Studenten sind daran gewöhnt, dass geistige Leistungen kostenlos zu haben sind. Wenn es überhaupt ein Anliegen gibt, für das sie kämpfen, dann dafür. Zugleich haben sie den Leistungsgedanken verinnerlicht. Sie akzeptieren, dass der Wert einer Leistung von ihrem Nutzen abhängt. Auch deshalb fragen sie: Was bringt es mir, wenn ich weiß, was den französischen Senat vom Bundesrat unterscheidet? Wäre es nicht besser, wenn ich im

Politikstudium lernte, wie ich einen kommunalen Haushaltsplan aufstelle?

Das Hochschul-Informationssystem HIS erfasst regelmäßig, wo Absolventen eine Beschäftigung finden. Die jüngsten Ergebnisse betreffen den Absolventenjahrgang 2009. Demnach war die Hälfte der befragten Geisteswissenschaftler ein Jahr nach dem Abschluss noch ohne festen Job, Wirtschaftswissenschaftler und Informatiker machen diese Erfahrung deutlich seltener. Ihre Beschäftigungswerte von 80 bis 90 Prozent erreichen Geisteswissenschaftler erst nach fünf Jahren. Das durchschnittliche Einstiegsgehalt vom Hochschulabsolventen lag bei 37 500 Euro, Geisteswissenschaftler müssen sich mit etwa 10 000 Euro weniger zufriedengeben, etwa ein Fünftel von ihnen arbeitet in Positionen, für die eigentlich kein Studium nötig wäre.

Der taxifahrende Dr. phil. ist ein Klischee, allerdings haben die geländegängigen Namen der geisteswissenschaftlichen Studiengänge nichts an den traditionell schlechteren Arbeitsmarktchancen geändert. Dass mit einem geistvollen Text weniger Geld zu verdienen ist als mit einer Zahnfleischbehandlung ist bekannt. Neu ist jedoch, dass die künftigen Denker die Degradierung von Gedanken zum Content widerspruchslos mitmachen.

Berufsfeldanalyse heißt mein Optionalmodul. Die Publizistin Andrea Roedig hat in dem Essay «Bildung schadet» sehr präzise das Feld sondiert, auf dem meine Studenten sich bewegen werden. Sie schreibt: «In den letzten Jahren hat sich die fest angestellte Beschäftigung zunehmend auf reine Managementfunktionen konzentriert, das gilt für Zeitungen, Verlage, Universitäten und Bildungseinrichtungen genauso wie für Industriebetriebe. Angestellte Redakteure kommen in der Regel nicht mehr dazu, selber zu schreiben, sie redigieren und koordinieren vornehmlich die Beiträge der frei zuarbeitenden JournalistInnen, deren

Honorare drastisch gesunken sind. Für Buchverlage besteht die Hauptbeschäftigung in Programmplanung, Marketing und Vertrieb, das ehemalige Kerngeschäft ‹Lektorat› ist nahezu komplett an freie MitarbeiterInnen oder gleich an die AutorInnen selbst ausgelagert. Bildungsträger wickeln ihr Kursprogramm gänzlich über freie Lehraufträge und sogenannte ‹Trainings› ab. An den Universitäten sind Forschungs- und Lehrstellen immer befristet ausgeschrieben, während es unbefristete Positionen in den neuen Arbeitsbereichen wie ‹Qualitätsmanagement› und Forschungsförderungsberatung gibt. Was geschieht da? Nicht Inhalte werden bezahlt, sondern die Verwaltung von Inhalten, nicht Wissen, sondern Wissensmanagement.»

In keiner Berufsfeldanalyse bin ich von den Teilnehmern auf Roedigs Text angesprochen worden, obwohl er auch online erschienen ist. Die Publizistin beklagt die Entwertung und Selbstentwertung geistiger Arbeit, meine Studenten reagieren auf diese Entwicklung eher abgeklärt als abwehrend. Sie haben einkalkuliert, was auf sie zukommt. Wer Content erzeugen will, soll das als Hobby machen.

Die Coolen in den Geisteswissenschaften hamstern Kompetenzen und schichten Abschluss auf Abschluss, weil sie geistiger Arbeit allein wenig zutrauen. Auf das Studium der Kunstgeschichte oder der Musikwissenschaft satteln sie Kultureventmanagement obendrauf. Das Studium der Politikwissenschaft ergänzen sie um eine Zusatzqualifikation im Organisationsmanagement gern auch mit den Zusätzen «global» oder «international».

Eine Bachelorarbeit, die ich betreut habe, befasste sich mit *Corporate Responsibility*-Konzepten von Rüstungsfirmen. Die 80 Seiten waren sehr aufschlussreich, ausgezeichnet recherchiert und durchaus anschlussfähig an die Interessen der Wirtschaft.

Das ist, zumindest in meinem Fach, eine neuere Entwicklung. Irgendwas-mit-Marketing, Irgendwas-mit-Management hat den alten Klischeeberufswunsch Irgendwas-mit-Medien abgelöst.

«We're the Children of the Eighties», dieses Lied hat die Protestsängerin Joan Baez meiner Altersgruppe gewidmet. Wir hatten Angst vor dem Waldsterben und der Neutronenbombe, die Lautstarken waren gegen die Nato-Nachrüstung, ob mit oder ohne Corporate Responsibility. Für Bildungspolitik dagegen haben wir uns erst wieder interessiert, als unsere eigenen Kinder eingeschult wurden. Da waren Bologna und G-8 beschlossene Sache. Die Anpassung, die wir nun beklagen, haben wir uns und euch eingebrockt.

Das Persönliche ist noch mal politisch

Die Studentin Leonie Seifert machte vor einem Jahr für das Magazin «ZEIT Campus» ein Experiment. Sie war bis dato noch nie auf einer Demo, unterschrieb keine Online-Petition und hatte sich bei der Tagesschau schon als Kind gelangweilt. Für den Artikel testete sie verschiedene Formen politischen Engagements: Sie hörte eine Bundestagsdebatte von der Tribüne aus zu, sie traf eine Landtagspolitikerin, sie stand im Schwarzen Block einer Hamburger Demo gegen den Kapitalismus, sie lernte einen Netzaktivisten kennen und machte mit bei einer Nachbarschaftshilfe, die Lebensmittelspenden für Bedürftige organisiert. Nichts davon fällt so überzeugend oder so wenig langweilig aus, dass Seifert dabeibleiben möchte. Ihr Fazit: «Ich habe lange gedacht, die Jugendforscher lägen richtig, wenn sie sagen, wir Jüngeren seien unpolitisch. Jetzt denke ich: Sie haben recht und gleichzeitig unrecht ... Vielleicht liegt es dran, dass es mir gutgeht. Ich habe

Freunde, einen tollen Job, ich habe genug Geld. Mit Politikverdrossenheit hat das aber nichts zu tun.»

Ein Politikbild, das nur aus Parteien, Wettbewerb und Machtkampf bestehe, sei zu eng für Leute ihrer Generation. Die Folge bekommen die Parteien zu spüren: Selbst der Altersdurchschnitt der Piratenmitglieder bewegt sich auf die 40 zu, CDU und SPD nähern sich der 60 an, und auch die Grünen sind mit einem Altersdurchschnitt von 47 Jahren schon fast ins *Silver Ager*-Segment hineingewachsen.

Das zurückgehende Interesse an Parteipolitik beschränkt sich nicht auf Jugendliche und junge Erwachsene. Insgesamt wird Politik auch von Älteren vor allem dann ernst genommen, «wenn man selbst oder ein unmittelbares Umfeld von Maßnahmen der Politik direkt betroffen ist», heißt es in der bereits zitierten Studie der Konrad-Adenauer-Stiftung. Selbst der harte Kern der politisch Interessierten macht den Bezug zum eigenen Leben zum wichtigsten Kriterium.

Ein Philosophiestudent schrieb mir: «Unsere politischen Fragen sind gleichzeitig persönliche Fragen: Werde ich irgendwann ankommen? Wie erfinde ich mich selbst, vermarkte ich mich selbst und belohne mich selbst? Wie finde ich den Flow? Der Anforderungskatalog an uns ist lang: Flexibilität, Eigenverantwortung, Eigeninitiative, Beweglichkeit, Kreativität, Gesundheit, Schönheit, Stil, Motivation.»

Wenn überhaupt Engagement, dann muss es modularisiert sein wie das Studium, keinesfalls eine Ochsentour, kein langer Marsch durch die Institutionen. Ein Leben für die CDU – eher nicht, für die Grünen aber auch nicht. Eine Partei kann man punktuell wählen, aber dauerhaft zu einer bestimmten Mitgliedschaft stehen zu können, ist noch unwahrscheinlicher als im Internet den Partner fürs Leben zu finden. Zwischen Parteiprogramm und Individuum ergeben sich zu wenige Matches für eine dauerhafte Verbindung. Politisches Engagement muss ins Leben passen, nicht das Leben in die Ortsverbandsroutine. Eine Petition gegen Acta lässt sich so gerade noch in den eigenen Terminkalender integrieren. Politik hat Projektcharakter. Einerseits.

Andererseits sind Alltagsentscheidungen – etwa das Einkaufen – radikal politisiert. Der Konsum ist das stärkste Bekenntnis. Mit Recht fragen mich Studenten: «Was ist denn politischer: Max Webers Aufsatz über ‹Politik als Beruf› zu lesen oder nach dem besonders klimaschonend und menschenfreundlich hergestellten T-Shirt zu suchen?»

Max Webers berühmter Aufsatz lässt sich bequem und kostenlos downloaden. Aber ich kann mir im Seminar den Hinweis auf die Homepage sparen, wenn ich nur behaupte: «Diesen Text muss jeder Politikwissenschaftler kennen.» Ich muss vielmehr die Brücke schlagen von den Aussagen über Leidenschaft und Augenmaß zu den fairen Bedingungen in der Textilproduktion.

Als Bürger kommen sich junge Erwachsene oft ohnmächtig vor, als Konsumenten fühlen sie sich mächtig. Schon als Kinder wurden sie von Unternehmen umworben. Schnell haben sie gelernt, dass Geld eine Sprache ist, die jeder versteht. Mit oder ohne Abitur, mit oder ohne Migrationshintergrund. Junge Erwachsene vertrauen Waren mehr als Ideen, auch wenn die Demoskopen bei ihnen einen Rückgang materieller Werte ausgemacht haben. Sie kaufen – oder verzichten –, damit die Welt gerechter oder demokratischer wird. Sie stimmen über die Jugendlichen auf dem Taksim-Platz bei Facebook ab wie über das neue Samsung Galaxy.

Politiker brauchen das «Gefällt mir» derer, die Politik eigentlich langweilig finden. Kein Spitzenkandidat wird sagen können: «Werdet erst mal erwachsen und arbeitet ein Jahr lang täglich die ersten zwölf Seiten der ‹FAZ› durch, bevor ihr euch eine Meinung bildet.»

Meine Studenten finden Parteien langweilig, klicken aber irgendwann doch «gefällt mir» beim einen oder anderen Spitzenkandidaten.

«Es nützt alles nichts: Ihr müsst eure Wähler zu Fans machen. … Nirgends ist ein Politiker fassbarer, greifbarer und auch angreifbarer als auf Facebook. Da ist er so nah dran wie meine Freunde», schreibt Philipp Riederle, Jahrgang 1994, in seinem Buch «Wer wir sind, und was wir wollen». Riederle ist mit seinem Podcast «Mein iPhone und ich» zum Star der Digital Natives geworden. Diese Fans kaufen kein Politikangebot, hinter dem sie Ideologie vermuten. Wenn ein Konzern wie Google einen Think-Tank gegen Diktaturen gründet, so erscheint ihnen das glaubwürdiger als das Demokratie-Papier einer Partei. Der Fan (formally-known-as Wähler) honoriert Politiker, die Verständnis dafür haben, wie kompliziert das Leben heute ist. Dafür gibt es die Höchstbewertung: das Prädikat «authentisch». Politische Überzeugung dagegen gilt als verdächtig, Loyalität als Schwäche, Beharrlichkeit als Mangel an Flexibilität.

Krieg die ideengeschichtlich gesättigte Textanalyse vergangener Tage anspruchsvoller oder ist es die Verbindung zwischen Theorie und dem Alltag jedes Einzelnen? Ersteres war womöglich anspruchsvoller für die Studenten, Letzteres fordert die Lehrenden mehr.

«Bringt mir etwas bei, das mir hilft, die Welt zu verstehen», flehte die 16-jährige Schülerin Mona Steinfurt in einem ganzseitigen «Spiegel»-Text ihren Sozialkundelehrer an. Die Haltung ist die einer Konsumentin: Erbitte pünktliche Lieferung einer Welterklärung, und zwar sofort. Wenn die Schülerin die Welt trotzdem nicht versteht, stimmt irgendwas mit dem Erklär-Produkt nicht.

Viele meiner Studenten kokettierten mit ihrem Desinteresse am klassischen Politikbegriff. Was Kanzler, Minister, Abgeordnete, Funktionäre getan und gesagt haben – das ist doch irrelevant. Weber, Popper und Adorno – das ist doch Nostalgie.

Sie ahnen aber, dass genau dieser Politikbetrieb weitergeht, auch wenn sie ihn öde oder abstoßend finden. Die Generation Y stehe in der Mitte der Gesellschaft, sei aber politisch weitgehend heimatlos, schreibt der Bonner Politikprofessor Günther Rüther in einem Aufsatz über die «akademische Jugend im Wandel der Zeit».

«Glauben Sie, dass die Politik die wirtschaftlichen Probleme lösen kann?», fragte die Gesellschaft für Konsumforschung im Jahr 2012 unter 20-Jährige. Mehr als die Hälfte verneinten. Politiker können bei dieser Generation punkten, wenn sie das modulare Leben ernst nehmen und sich – wie ein zeitgemäßer Arbeitgeber – als Lebensmanager gerieren. Sie sollen nicht ein bestimmtes Familien- oder Arbeitsverhältnis fördern, sie sollen alles ermöglichen. «Wohlstand für alle» war Ludwig Erhards Slogan, «Wohlbefinden für dich» müsste der aktuelle lauten.

Die Studenten, die ich kennengelernt habe, passen sich weitgehend den Bedingungen der globalen Wirtschaft an und hoffen darauf, dass ihnen Politiker zum Dank die Rahmenbedingungen eines multioptionalen Daseins liefern. «Rahmenbedingungen» ist auch so ein Wort aus dem Langweiler-Jargon all der ungelesenen Politikseiten der Zeitungen.

Umfragen zufolge erwarten die Studenten von heute von «der» Politik wenig. Tatsächlich aber verlangen sie vom Staat fast Unmögliches, jedenfalls politikwissenschaftlich kaum Erforschtes: Einfühlungsvermögen. Sie wollen nicht die Macht verstehen, sondern sich von den Mächtigen verstanden wissen. Damit sind sie rebellischer, als alle Jugendstudien behaupten.

SCHLUSSWORT: SHOWDOWN

Bildung ist ein Freiheitsversprechen. Wer sich bildet, überschreitet Grenzen: die seiner Herkunft oder die seines Landes oder die seiner Vorstellungskraft. Dieses Freiheitsversprechen ist keine Schwärmerei von Hobby-Humboldts, ein solches Bildungsverständnis war in der Bundesrepublik tatsächlich einmal amtlich. Der Deutsche Ausschuss für das Erziehungs- und Bildungswesen umriss 1960 für die Arbeit mit Erwachsenen einen weiten Bildungsbegriff: «Gebildet im Sinne der Erwachsenenbildung wird jeder, der in der ständigen Bemühung lebt, die Gesellschaft, die Welt und sich selbst zu verstehen und diesem Verständnis gemäß zu handeln.» Der Mensch, der sich bilden wolle, «wird sich dieser Welt anpassen und zugleich Widerstand leisten».

Damals hatte sich noch nicht jeder Pädagoge von Rohrstock und Pauker-Gestus verabschiedet. Dass Bildung mehr als abfragbares Wissen bedeuten könnte, klang wie eine Verheißung. Nach heutigen Maßstäben ist eine solche Definition naiv. Wer will schon im Arbeitszeugnis stehen haben: «Er hat sich bemüht, die ihm anvertraute Welt zu verstehen»?

Das Bildungswesen hat sich zwar von Prügel und Frontalunterricht dauerhaft verabschiedet, aber Freiheit dürfte dennoch nicht das erste Wort sein, das G-8-Schülern und Studenten spontan zum deutschen Bildungswesen einfällt. Die Konrad-Adenauer-Stiftung veröffentlichte vor einigen Jahren eine Studie über «Eltern unter Druck». Die Ergebnisse bestätigten, was viele Mütter und Väter aus ihrer Privatempirie am Küchentisch schon wussten: Schule ist das Hauptgesprächsthema bei den gemeinsamen Mahlzeiten, aber auch beim Essen mit befreundeten Eltern. In der Studie fällt ein erschreckendes Wort: «Bildungsdruck». Bildung kann offenbar gehörig weh tun, ganz ohne Schläge mit dem Rohrstock.

Die Gefühligkeit, von der hier an einigen Stellen die Rede war, ist womöglich nichts anderes als eine permanente Messung der Bildungs-Druckverhältnisse: Geht's noch? Halte ich es noch aus? Mit Selbstbeobachtung reagieren Schüler und Studenten darauf, dass andere sie ständig beobachten. Wer sich bilden will, dessen Leistung wird vermessen und verglichen, am besten international. Es gibt nicht nur Prüfungsziele, sondern Benchmarks. Die Ergebnisse von PISA, IGLU oder der neuen OECD-Studie werden von den Fachleuten mit der gleichen Spannung erwartet wie die aktuellen Quartalszahlen von Apple.

Vor 50 Jahren rief Georg Picht die Bildungskatastrophe aus. Seitdem sind Katastrophenwarnungen inflationär geworden. In den letzten Jahren provozierten vor allem die Verkürzung der Gymnasialzeit und die digitalen Medien Untergangsphantasien. Die Veränderungen, die ich in diesem Buch beschrieben habe, kamen sukzessive, nicht erst mit der Umstellung auf Bachelor und Master. Mehr Effizienz, mehr Nützlichkeit, mehr Ausbildung als Bildung – ist das ein schleichendes Gift?

Die Mehrheit der Studenten empfindet es nicht so. Die Hochschul-Absolventenbefragung des HIS zeigt, dass die Nachwuchsakademiker unter dem angeblich katastrophalen Zustand weniger leiden als die älteren Semester glauben. Insgesamt stellen die meisten ihrem Studium ganz gute Noten aus. Werden sie nach ihren unerfüllten Wünschen befragt, dann nennen sie mehr Praxisnähe und mehr Unterstützung von der Hochschule bei der

Jobsuche. Ihr Bildungsbegriff ist ein funktionaler: Die Gesellschaft verstanden hat derjenige, der seinen Platz in der Gesellschaft gefunden hat. Anpassung verspricht Erfüllung, und erfüllt lebt, wer diffuse Ansprüche erfüllt. Diese Studenten haben in sich hineingehorcht und werden gehorchen. Noch ein bisschen mehr Berufsberatung am Ende des Studiums – und alles wird gut.

Und doch bleibt da der Verdacht, dass sich das Lob des fließenden Übergangs irgendwann rächt. Wo, wenn nicht an der Uni, könnte es einen Raum dafür geben, in dem tatsächlich über Talkshow-Niveau hinaus in einem guten Sinne akademisch diskutiert wird? Mit Argumenten und Gegen-Argumenten, mit Gesicht und Namen, anstatt anonym im Netz? Wo, wenn nicht dort, könnte mindestens eine Alternative zur angeblichen Alternativlosigkeit ausgebrütet werden? Wo, wenn nicht an angeblich Freien Universitäten kann Bildung noch ein Freiheitsversprechen sein?

«Dieses Gelabere, das Sie Diskussion nennen, nützt uns nichts», haben mir viele Studenten gesagt. Als wüssten sie mit Anfang 20 schon, was sich einmal als wertvolles Gepäck und was als Ballast erweisen wird. Wenn ich im Studium etwas fürs Leben gelernt habe, dann sind es nicht allein die Daten und Diagramme. Im Idealfall gelang es, in einem Seminar einen Standpunkt zu entwickeln, andere Standpunkte anzuhören und dabei einander anzusehen. Eine eigene Sicht der Dinge zu gewinnen bedeutete auch, den Blick der anderen auszuhalten. Das glatt Aneinandergereihte, das heute Googlebare, war nur der Anfang, am Ende blieben die Ungereimtheiten und Widersprüche im Gedächtnis. Akademisch zu denken heißt, erst die Fragen zu finden und dann die Antworten. Inzwischen sind Antworten in Fülle da, weltweit verfügbar, 24 Stunden am Tag, sieben Tage die Woche. Aber die Nachfrage nach Fragen schwindet.

Der Philosophieprofessor und frühere Kulturstaatsminister Julian Nida-Rümelin wirbt in seinem neuesten Buch für eine «Philosophie der humanen Bildung». Bildung hat demnach als höchstes Ziel, dem Menschen eine selbstbestimmte Existenz zu ermöglichen. Dass dazu auch ein Arbeitsplatz gehört, dürfte naheliegend sein. Derzeit jedoch ist Employability, Anwendbarkeit, das höchste Bildungsziel, auch in den Geisteswissenschaften.

Ich halte weder eine Renaissance vulgärmarxistischer Revoluzzerthesen für wünschenswert noch einen Wiedereinzug in einen Elfenbeinturm des garantiert unnützen Wissens. Ich wünsche mir einen Wissenschaftsbetrieb, der Platz lässt für Abseitiges, Originelles, Widerborstiges. Nicht aus Gnade, sondern aus Notwendigkeit. Sonst nämlich sehen die geistigen Zentren des Landes – ähnlich wie die Zentren der Städte – irgendwann alle gleich aus. Universitäten können mit geistiger Systemgastronomie sehr erfolgreich sein. Ein schaler Plastik-Beigeschmack bleibt trotzdem: Eine Gesellschaft, die sich so individualisiert wie nie zuvor wähnt, gibt sich mit intellektueller Konformität zufrieden. «Wir sind nicht Avantgarde, wir sind Strom, wir sind Mainstream», schreibt Philipp Riederle selbstbewusst über sich und seine Altersgenossen.

Angesichts dieser Bildungskonsumenten wird der Grat vom Lehr- zum Leerauftrag schmal: Ich vermisse in den Seminaren nicht die Axt, sondern das Argument. Ich vermisse nicht die Ideologien, sondern die Ideen. Ich vermisse nicht die Meinungsstärke, sondern die Urteilskraft.

Soll ich Widerstand leisten oder vor der Debattenverweigerung kapitulieren? In Österreich wurde im vergangenen Jahr ein junger Mann Außenminister, der gerade einem Optionalmodul hätte entwachsen sein können. Der 27-jährige Jurastudent Sebastian Kurz fuhr vor Jahren noch im Wahlkampf mit einem «Geilomobil» durch Wien, 2013 kam er im etabliertesten Establishment an. Die Studenten, über die ich hier so pauschal geschrieben habe, werden es wahrscheinlich weit bringen.

Und: Meine Altersklasse ist bisher den Beweis schuldig geblieben, dass sie Bundeskanzler nicht nur aufzählen kann, sondern auch einen hervorbringt.